本书是2023年湖南省马克思主义学院专项课题重点项目"先秦儒家美学思想与美好生活方式现代化研究"（23ZDBM09）的阶段性成果

全面深化改革下的干部道德建设研究

文雯——著

天津出版传媒集团

天津人民出版社

图书在版编目（CIP）数据

全面深化改革下的干部道德建设研究 / 文雯著. --
天津：天津人民出版社，2024.4
ISBN 978-7-201-20401-7

Ⅰ. ①全… Ⅱ. ①文… Ⅲ. ①领导干部—道德建设—
研究—中国 Ⅳ. ①D648

中国国家版本馆 CIP 数据核字(2024)第 075929 号

全面深化改革下的干部道德建设研究
QUANMIAN SHENHUA GAIGE XIA DE GANBU DAODE JIANSHE YANJIU

出　　版	天津人民出版社	
出 版 人	刘锦泉	
地　　址	天津市和平区西康路 35 号康岳大厦	
邮政编码	300051	
邮购电话	（022）23332469	
电子信箱	reader@tjrmcbs.com	

策划编辑	武建臣
责任编辑	郭雨莹
装帧设计	明轩文化·李晶晶

印　　刷	天津新华印务有限公司
经　　销	新华书店
开　　本	710 毫米×1000 毫米　1/16
印　　张	14.25
插　　页	2
字　　数	260 千字
版次印次	2024 年 4 月第 1 版　2024 年 4 月第 1 次印刷
定　　价	89.00 元

前　言

　　领导干部作为公共行政的实践群体，在公共事务中承担制定并执行国家政策、给社会大众提供服务等重责，要求具备较高的道德素质。干部道德不仅直接影响着执政党建设的成效，而且具有极大的示范性，对社会的整体道德建设影响极深，同时又在传统的文化认识下被社会赋予极高期望。"不恒其德，或承之羞"，自古官德被视为关乎一国兴衰荣辱的治国命门。党中央提出"以德治国""以德治党"，十分注重干部队伍的道德建设，这不仅是对德治传统的继承，更是全面深化改革下加强执政党自身建设的必然要求。

　　干部道德建设作为全面从严治党的基础性工程，在全面深化改革的历史条件下，呈现紧迫性与严峻性、长期性与复杂性、变更性与稳定性、敏感性与脆弱性、批判性与导向性等新特征。新时期的干部道德建设以贯彻道德与法治相辅相成的原则，注重形成完善的干部道德制度体系为基础，尤其强调以培养具有忠诚意识、责任意识、廉洁意识、法律意识的干部为目标。

　　在马克思主义中国化的进程中，中国共产党通过丰富的干部道德建设理论发展与实践积累，可以总结的主要历史经验有以思想建设为核心、以制度建设为保障、以理论创新为动力、以关键少数为抓手、以考核具体化为基础等。党的十八大以来中国共产党持续推进干部道德建设,举措包括坚持"依规治党和以德治党相统一",以"打铁还需自身硬"开启新时期的作风建设,不断丰富和发展新的干部道德规范与要求,学史增信、建设初心使命新局面,坚持完善权力监督制度和执纪执法体系等制度建设,以及通过高压反腐与正风反腐推进现实中的干部道德建设全面深化。

全面深化改革下干部道德建设既面临机遇又遭遇挑战。在机遇上,一方面国内正扬起了全面深化改革的大风帆,改革的任务就是要解决进一步发展面临的一系列突出矛盾与挑战,改革正当其时也将激发更多活力,干部道德建设也能乘势而上。另一方面,世界范围内已然发生了一场关于公共行政改革范式的革命:从传统"管制型"向现代"服务型"的转变。政府治理模式的根本变革,必然给行政人员的道德建设工作带来深刻影响。同时,新时期的干部道德建设也面临诸多挑战。在经济上,当今世界正在经历百年未有之大变局,经济发展更加复杂多变,社会利益关系更加复杂化,尤其是国际经济形势的一些低迷情况影响了人们的信心,也导致社会不稳定因素的增加;在政治上,腐败的客观存量以及政治体制改革的相对落后导致政治建设依旧任重道远;在文化观念上,传统"官本位"意识仍然影响较大,以及一些消极腐朽文化必然带来的现实冲击;在国际形势上,虽然和平与发展已经成为世界发展的主题,但和平的主旋律下一些不确定因素与危险因素仍然存在等。

新形势需要新担当、呼唤新作为。全面深化改革的新时期,本书主要从三个角度来思考全面推进干部道德建设路径对策。基于比较研究,从古今中西的角度,强调传承传统官德建设的文化精神,延续党的干部道德建设自律传统,学习借鉴西方国家的他律经验。基于内在逻辑关系研究,通过理论准备、载体运用、心理需求、环境氛围及强调实践的环节加强干部道德建设的体系化建设。最后是对特定现实问题"干部道德考核具体化"的研究。针对"宁波市江北区领导干部道德评价体系"的案例进行理论分析与实践反馈,在剖析量化指标体系的可能性与可行性基础上,提出进一步深化、改进实际工作中干部"德"的考核具体化的具体建议。强调考核要突出针对性、差异性,细化内容标准;突出开放性、深入性,优化方法手段;突出纪实性、责任性,确保评价真实准确;突出实效性、导向性,实现考核结果的反馈和应用等。

　　道德之于个人、社会是基石,之于领导干部更是极其重要的。领导干部身为人民公仆,理应不断地取得道德修养的自我完善,包括坚定的信仰、强韧的意志、高尚的追求、正直善良的操守、与时俱进的法律意识等,才能获得人民的永久信赖与拥护。在持续推进全面深化改革的过程中,干部要从新发展阶段大局出发,以更高的"德能"表现,落实新发展理念、推动高质量发展、构建新发展格局,真正领导改革不停顿,开放不止步,在更高起点上推进改革开放、开创新局面,为全面建设社会主义现代化国家、实现第二个百年奋斗目标作出新的更大的贡献。

目录

CONTENTS

第一章 干部道德建设的基础理论分析

第一节 干部道德的基本内涵与价值功能

一、干部道德的概念内涵及主要特征

(一)干部道德的概念内涵

干部道德的主体是"干部",理解干部道德的概念内涵要建立在"干部"对象的认识上。"干部"一词最早源于拉丁文,后来为英语、法语和俄语所吸收,并有着不同的含义。在英、美两国,"干部"更多指的是军队中的骨干,并不包括国家行政机关的文官。在法国,"干部"是指担任一定领导职务的人或者部门的负责人,也不包括文官。在日本,"干部"最初是指社会团体或者组织的首脑人物等,与国家机关中任职的官员并无关系。一段时间以后,"干部"开始作为军政官员、社会团体以及企事业首脑等的指称,被一些国家使用。但就整体来说,"干部"在社会主义国家的使用更为普遍,含义也更为宽泛。我国受苏联影响,在革命战争时期开始使用它。1922年7月,在中国

共产党第二次全国代表大会制定的《中国共产党章程》中，首次使用了"干部"一词。1949 年新中国成立后，我国一直沿用了这一词汇，使用范围也颇为广泛，没有给予统一的外延界定。此后，根据国家人事管理办法的规定，干部一般是指由国家财政支付报酬，在中国共产党党委系统、国家机关、民主党派、群众团体等机关工作的行政人员，以及企业事业单位工作中担任了一定职务的管理人员与各级各类的专业技术人员。依据 2002 年中共中央《党政领导干部选拔任用工作条例》，"党政领导干部"被限定为"中共中央、全国人大常委会、国务院、全国政协、中央纪律检查委员会的工作部门或者机关内设机构的领导成员，最高人民法院、最高人民检察院的领导成员和内设机构的领导成员；县级以上地方各级党委、人大常委会、政府、政协、纪委、人民法院、人民检察院及其工作部门或者机关内设机构的领导成员；上列工作部门的内设机构的领导成员"①。综上，我们可以明确"干部"一词在我国的主要含义。同时，在厘定"干部"含义时，还应认识和理解发展过程中出现的一些类似称呼，包括官、领导干部、从政者、公务员等。首先，从我国传统及现实国情出发，尽管新时代的"官"已经不是阶级社会的产物、等级身份的象征，但是人们早已习惯于把在国家机关担当某种职务并掌握一定政治权力或行政权力的人员称之为"官"。同时，人们称呼的"官"被赋予了新的时代内涵，如"人民公仆"，"官"的称呼也逐渐被"领导干部"所代替，"官"逐渐演变为"领导干部"的俗称。总的来说，无论是官方话语中的"干部"，或是学术话语中的"从政者，还是更多的俗称"官"，万变不离其宗，在我们国家就是指拥有一定权力并代表公众参与管理国家事务的人。此外，就研究来说，为方便起见，以上称呼均表达同一个含义即党政干部，"干部道德"与"官德"、"从政之德"的内涵相通。

---

① 《党政领导干部选拔任用工作条例》，人民出版社，2002 年，第 6 页。

干部道德的定义随着历史条件的变化而有所不同,结合"干部"这一具体对象的理解,以及较为权威的是中国伦理学会对"官德"的定义,笔者依据主题将"干部道德"定义为从事政治和行政管理工作、掌握并代表执行一定公共权力的党政干部,在公务活动中应遵循的道德规范和应具备的道德能力及其道德实践。

(二)干部道德的主要特征

政治性与强制性的统一。作为公共权力的掌握者与执行者,领导干部代表人民利益对各类公共事务作出决策并领导执行各方面政策的实施,对国家、人民肩负有重大的经济、政治、文化、社会责任。干部道德作为领导干部政治上的坚定性与思想道德上的纯洁性要求,其内容不仅体现了党的政治追求、具有鲜明的政治性,而且不同于普通的道德规范,是一种政治规范,是对干部权力与行为的规范与约束,依靠干部自身信念及其他国家强制力量来完成,具有一定的强制性。

自律性与他律性的统一。自律性强调道德对主体的自觉约束,强调道德高层次的内化作用。尤其对于干部道德,它的首要价值在于它能成为干部行为处事的道德准则,内化为干部的内心信念来指导他们的实践活动。同时,干部道德的实现必须经由干部的自律过程。他律性强调个体外部的道德约束力。干部道德表现为一种党内的政治规范。它通过党章党规党纪党法等手段上升为具有惩戒性的内容,对干部形成外在约束力量,这是与其他普通道德规范不同的他律性表现。

广泛性与示范性的统一。干部是公共权力的实际掌握者,在社会主义社会,他们更是"从群众中挑选出来的优秀分子","承担着社会发展的科学决策、政令执行等重要使命","是社会活动的带头兵,同样也是社会道德的倡导者和履行者,是群众道德实践活动的表率"。① 干部自身的特殊地位一方面确立了干部道德的广泛性,即对所有干部的普遍效用以及对整个社会的极大影响,另一方面也确立了它的示范性,即作为一定意义上的"公众人物",一言一行不仅备受关注,还是普通民众心中的标杆。干部道德的广泛性与示范性,关系着全党的凝聚力、战斗力,影响着全党全社会的道德风貌与兴衰存亡。

阶级性与人民性的统一。干部道德的阶级性源于道德自身的阶级属性。道德作为上层建筑的一部分,是由不同阶级社会的经济基础所决定的。不同的阶级有不同的道德内容,不同统治阶层的道德也有所差异,我国的干部道德本质上属于无产阶级的道德。它建立在马克思主义唯物史观的基础上,把人民群众当作历史的创造者。因此,社会主义的干部道德还体现了人民本质,核心宗旨是为人民服务并在实践中长期推行群众路线。

二、干部道德的内部结构及价值功能

(一)干部道德的内部结构

干部道德的内部结构是"一个极其复杂的系统"②,它由诸多要素构成。基本要素如下:

干部道德信念。干部道德信念主要是指干部对道德理想、道德价值等的执着追求。它作为一种较为深刻的道德认知,表现为对道德观念的执着、不放弃。干部道德信念是道德内部结构的核心要素,是支撑干部道德发展的持续力量。缺乏道德信念就会失去道德上的动力与毅力,导致道德观念

---

① 李建华:《官员的道德》,北京大学出版社,2012 年,第 21 页。
② 靳凤林:《制度伦理与官员道德——当代中国制度政治伦理结构性转型研究》,人民出版社,2011 年,第 156 页。

的破产。

干部道德心理。干部道德心理一般是指形而上层面的道德信念在道德主体内心世界的呈现，它以个体道德产生及其发展的心理机制、心理过程和心理状态为主要研究对象。[①] 道德心理在道德观念产生与道德行为最终形成之间发生着微妙作用，它以一种潜意识的状态存在于人们的思想观念中，并在行为发生前就施予了潜移默化的影响，是干部道德培养过程中需要特别关注的内容。

干部道德情感。道德情感是人们对待道德"善恶是非"所产生的喜、怒、哀、乐等隐藏的或显现的情绪。道德情感极具能量，能给体验者强烈的感受，从而刺激道德主体形成道德认知等。在以往的道德建设工程中，道德情感容易被忽视，因此理论与实践上的发展都有很大难度。然而以现实的道德经验来看，道德情感与道德责任感的形成有着莫大的关系。在干部道德实践活动中关注道德情感的产生与发展，创造干部在道德行为过程中的情感体验、激发情绪感受，更利于道德责任感的形成。

干部道德关系。主要是指道德发生过程中主体与客体、主体间等关系范畴，包括干部与国家权力、干部与民众、干部与社会以及干部之间，等等。在干部与国家权力之间，我国社会主义社会的性质规定了国家权力来自于人民，干部代表人民行使国家权力并要求秉公执法；干部与民众的关系，干部是人民的公仆，人民是国家真正的主人；干部与社会的关系主要强调干部作为社会的精英应承担的社会责任；干部之间的关系则是围绕道德主体间的道德交往发生，是表现干部群体整体道德风貌的重要方面。

干部道德行为。道德行为是道德主体在现实生活中道德实践的具体外

[①]　靳凤林：《制度伦理与官员道德——当代中国制度政治伦理结构性转型研究》，人民出版社，2011年，第159页。

在表现形式。一般来说,道德行为能真正反映社会的整体道德水平,是人们对道德问题最关注的实质性表现。干部的道德行为则是民众评价干部道德水准的核心依据。由此,如何促使干部的道德认识转化为具体的道德行为表现,既是干部道德建设工程最重要的环节,也是其核心目标。

干部道德品质。道德品质一般是指"德性",是人们在道德活动中所表现的一贯的、稳定的东西,是个体在长期道德实践中积累的结果。黑格尔曾指出:"一个人做了这样或那样一件合乎伦理的事,还不能就说他是有德的;只有当这种行为方式成为他性格中的固定要素时,他才可以说是有德的。"①也就是说,衡量一个干部是否具有德性,要长期观察他的道德品质,而非一时的道德行为。

(二)干部道德的价值功能

价值指引、文化熏陶。干部是执政阶层的代言人,是国家意志、政策方针的贯彻者、执行者,干部道德代表着执政层的主流价值意识,是社会倡导的核心价值观输出。因此,干部道德具有鲜明的价值指引功能,是主流的政治导向。同时,干部道德以其丰富的内涵与先进性,以"标杆"的形式引领全社会的道德文化建设,提升了全体民众的文化素质与整个社会的文明程度。

调节政治利益关系。一般而言,政治系统由复杂的政治网络构成,它包括各种不同政治力量、政治角色以及它们形成的政治利益关系等的相互较量,从而对整个国家与社会的政治走向产生影响。其中,道德作为调节人们社会生活的重要手段,干部道德也一直是调节干部个体与群体间政治关系的重要方式之一。"道之以政,齐之以刑,民免而无耻;道之以德,齐之以礼,有耻且格。"(《论语·为政》)相较刑罚等方式,道德是更加高明的治理国家

---

① [德]黑格尔:《法哲学原理》,范扬、张企泰译,商务印书馆,1961年,第170页。

的重要手段,它不仅能使百姓们循规蹈矩,又教会百姓们懂羞耻、存德心,从而达到国治民安的作用。干部道德也一直作为一种省力高效的方式,调节各种政治关系中的利益冲突,维护政治稳定。

约束权力、防治腐败。干部是实际掌握公权力的特殊人群,而权力的天然腐蚀性,导致人们又不得不约束它可能带来的腐败。西塞罗曾直言不讳地说:"绝大多数人,当他们热衷于谋取军权或政权时,就会沉湎于其中而不能自拔,完全不顾自己的行为是否符合公正的要求。"①公共权力导致的腐败问题是世界上所有国家都面临的。也就是这一世界性的难题,给干部道德建设带来不竭动力。干部道德的倡导与推进,对政府官员进行道德行为的指导与提升,争做"德高身正"的人民干部,这对约束权力、防治腐败有本质作用。

塑造形象、威信之源。司马迁在对名将李广进行评价时曾引用孔子的说法"其身正,不令而行;其身不正,虽令不从"。作为一名史官,以道德表现来确认官员的能力表现,足以说明我国自古以来对官员道德形象的重视。百姓们视官员为"父母官",对他们有极高的道德期待,相应地如果期待落空,则会较大地影响官员的形象与威信。比如宋朝包青天,不畏权势、铁面无私、惩恶扬善的形象深入人心;新中国成立初期的焦裕禄,担任县委书记"为公为民"的事迹,感动了无数中国老百姓,成为人民的好干部。相反地,一些干部道德失范的表现则严重削弱了党和政府的公信力与威望,对国家、党、人民和社会都造成极其恶劣的影响。

---

① [古罗马]西塞罗:《论老年 论友谊 论责任》,徐奕春译,商务印书馆,1998 年,第100 页。

第二节　干部道德建设的基本内涵与价值功能

一、干部道德建设的概念内涵及主要内容

"道德建设"作为现当代社会实践的基本方式之一,已经成为人们理论思维的重要概念以及普遍意义的日常用语。在学界,学者在研究过程中直接使用的情况居多,对"道德建设"的含义进行尝试性解说的较少。"道德建设"的概念,处于一种不讲自明的状态。目前来看,主要有以下阐释可供参阅。学者郭广银、杨明认为,道德建设"一般来说就是一定社会的人们依据一定的原则,采取一定的方法推动社会的道德状况发生某种变化的活动,实质上是主观见之于客观的活动"[1]。学者赵清文指出:"所谓道德建设,就是国家或其他拥有公共权力的机构或集团,为了在总体社会道德水平上达到一定的目标,而有目的、有计划、有组织地对社会成员施加系统的道德影响的活动。"[2]学者钱广荣提出,道德建设是"一定社会的人们依据经济、政治和法制建设的客观需要,研究和提出并运用一定的道德价值标准和规范体系,培育人的德性、指导人的行为,营造一定的社会道德风尚,以维护道德文明现状和促使道德发展进步的社会实践活动"[3]。学者龚群从道德建设的作用与功能的角度对道德建设做出了解释,认为"道德调控是国家或社会组织借助于社会舆论、内心信念、传统习惯所产生的力量,使人们遵从道德规范,达到维护社会秩序、实现社会稳定目的的一种社会管理活动。它作为社会调

---

① 郭广银、杨明:《当代中国道德建设》,江苏人民出版社,2000 年,第 33 页。
② 赵清文:《论道德建设与道德教育的关系》,《天府新论》,2005 年第 2 期。
③ 钱广荣:《中国道德建设通论》,安徽大学出版社,2004 年,第 42 页。

控的常见形式,具有组织性、自觉性、认同性等社会心理特征"①。以上学者从不同的角度对"道德建设"进行阐释,综合借鉴并以"干部"为具体对象,本书认为"干部道德建设"即是由政府主导,全社会各界人士共同参与,依据一定原则、方法,以党政干部为道德建设对象,旨在提高其伦理行为水准与道德素质的一揽子的道德培育工程。

干部道德建设是多层次、多系统的复杂工程,由理论建设、规范建设、养成机制建设、实践活动建设等几个方面组成:

干部道德理论。干部道德理论建设是以马克思主义理论为根本指导,在马克思主义中国化不断发展的理论基础上,对干部相关伦理道德的理论进行时代化、具体化的发展建设,为干部道德建设提供理论与知识的基础储备。

干部道德规范。干部道德规范是将干部道德理论应对现实发展需要而提炼的具体参照性的道德要求。不同时期有不同的道德标准,道德规范因此发展成现实中干部具体的、可参考的道德行为依据。

干部道德养成机制。干部道德养成机制是促成道德理论、规范转化成干部道德品质与实际道德行为的重要保障,是一系列系统性的措施与环节。它关注道德心理、道德情感、道德认知等道德行为塑造的相关因素,结合外在的道德约束手段,如社会舆论,甚至包括法律制度性的手段,通过规范化、制度化的要求,敦促道德行为习惯的培养。

干部道德实践活动。干部道德实践活动建设是干部道德建设的实体表现形式,是真正让道德建设落到实处的重要环节。道德本身就是主观见之于客观、极具实践性的事物,以丰富的干部道德实践活动形式,将道德的要求通过实践的形式展现出来,使道德主体理解、接纳、吸收后促成个体自己

---

① 龚群:《以德治国论》,辽宁人民出版社,2004 年,第 80 页。

道德行为的产生,是干部道德建设的重要依托。

二、干部道德建设的功能和价值意蕴

(一)干部道德建设的主要功能

1. 文化传播

干部道德的内容本身就隶属社会上层建筑中的文化意识。在干部道德建设的过程中,将主流的价值观、思想等首先在作为社会精英的干部群体中进行传播,利用干部特殊地位的示范性与辐射性,进而传播扩散并影响其他群体。

2. 利益调控

干部道德是调节干部群体间利益关系重要手段,包括干部之间、干部与人民群众、干部与国家社会等。当一个社会的干部道德建设成效较好时,干部道德能更大程度地成为干部们调节利益关系的手段,从而推动社会形成平衡、合理的利益关系。反之,干部道德作为调控手段的能力就会下降,从而对利益分配产生消极的影响。

3. 防治腐败

腐败早已被称为世界"癌症",是世界各国共同面临的难题。预防和治理腐败,目前采取的重要手段:一是外在形式的制度约束及法律惩治,二是通过道德自律的手段。干部道德建设不仅以提高干部的道德水平为目标,而且包括一系列的措施政策,对防治腐败起到十分重要作用。

4. 维系稳定

"德惟治,否德乱",一个社会的稳定与否,与当时的道德建设水平休戚相关。尤其是作为表率的干部德行败坏、腐败成风,把手上的公权用作谋取一己私利的工具,势必引起民众的愤怒与不满,从而导致政府与人民之间的关系恶化,严重时将引起社会的动荡。由此,干部道德建设具有维系社会稳定、安民保国的重要功能。

(二)干部道德建设的价值意蕴

首先,干部道德建设作为社会整体道德的核心与首要,引领全社会的道德建设风潮。"为政以德,譬如北辰,居其所而众星共之"(《论语·为政》),极具示范性的干部道德不仅一定程度上反映了当下社会、所在地区的整体道德水准,而且是道德的风向标。我国有深厚的官本位传统,官员的一言一行对老百姓影响至深。"上好礼,则民莫敢不敬;上好义,则民莫敢不服;上好信,则民不敢不用情。"(《论语·子路》)到了现代,这种影响力仍然非同一般。邓小平曾说:"群众对干部总是要听其言、观其行的。"①干部道德的巨大示范作用与影响力,决定了干部道德建设在整个社会道德建设中占据极为重要的位置。一旦现实中的官德失范现象增多,对社会将产生极大的负面影响。因此,应大力加强干部道德建设,着力提高干部道德能力水平,通过干部道德的标杆示范作用,促进整体社会的道德水平提升,引领道德风尚。

其次,干部道德建设为执政阶层提供道德保障,是提高执政能力的关键。古人早就提出"为政以德"的思想,并强调"其身正,不令而行;其身不正,虽令不从"(《论语·子路》)。"为政以德"的传统发展至今,对党提高执政能力有巨大启示作用。习近平总书记曾在全国组织部长会议上告诫党员干部,出现群众对干部有意见,主要是对干部的"德"不满意。"如果管党不力、治党不严,人民群众反映强烈的党内问题得不到解决,那我们党迟早会失去执政资格,不可避免被历史淘汰。这决不是危言耸听。"②必须深刻认识

---

① 《邓小平文选》(第二卷),人民出版社,1994 年,第 124 页。

② 中共中央宣传部:《习近平总书记系列重要讲话读本》,学习出版社、人民出版社,2014 年,第 157 页。

到,在世情、党情及国情已经发生深刻变化的当下,努力提高干部的道德水平及其拒腐防变和抵御风险的能力,以良好的道德形象给执政党提供道德保障,是中国共产党提高执政能力以领导好全面深化改革之战的关键。

最后,干部道德建设将有效防治腐败问题,营造风清气正的良好政治生态。我国在防治腐败的过程中,一直强调发挥道德的作用,高度重视自身建设以筑好防腐清廉的道德防线。尤其是在各个历史时期,都力图通过党员教育来统一认识、凝聚力量、明晰方向。如革命时期的延安整风运动、"三查三整"整党运动等,社会主义建设时期的整风整党运动、1957年整风运动等,改革开放时期的"三讲"教育活动、保持共产党员先进性教育活动等,进入中国特色社会主义新时代的党的群众路线教育实践活动、"三严三实"专题教育、"两学一做"学习教育、"不忘初心,牢记使命"主题教育、党史学习教育等,这些活动都在不同时期面对不同任务,以不同形式载体,提高了干部的道德能力、领导水平和执政能力,为更好地完成党的历史使命做出了重大贡献。可以说,加强干部道德建设是我国防治腐败的一个重要经验智慧,长期坚持的自身教育,也在提高干部道德水平的同时营造了风清气正的良好政治生态。

第三节　干部道德建设的相关理论视角

一、马克思主义道德伦理观

在《关于费尔巴哈的提纲》《神圣家族》以及《德意志意识形态》等著作中,马克思、恩格斯创立并逐步发展了唯物史观,在此基础上论证了道德的起源、发展、本质等,科学阐述了道德观。主要包含以下基本思想:

　　首先,道德作为一种社会意识,其产生、发展与内容等都由人们物质生产与交往形式构成的社会存在来决定。马克思认为:"人们在自己生活的社会生产中发生一定的、必然的、不以他们的意志为转移的关系,即同他们的物质生产力的一定发展阶段相适合的生产关系。这些生产关系的总和构成社会的经济结构,即有法律的和政治的上层建筑竖立其上并有一定的社会意识形式与之相适应的现实基础。物质生活的生产方式制约着整个社会生活、政治生活和精神生活的过程。不是人们的意识决定人们的存在,相反,是人们的社会存在决定人们的意识。"①这是马克思主义历史唯物观的经典概括。马克思、恩格斯还强调"任何历史观的第一件事情就是必须注意上述基本事实的全部意义和全部范围,并给予应有的重视"②。这些基本事实就是与一定历史发展阶段相联系的物质生产与社会生活。在分析人类历史的基本前提并证明人类物质生产先于人类意识或精神之后,马克思、恩格斯确立了历史唯物的发展观,并认为"意识一开始就是社会的产物,而且只要人们存在着,它就仍然是这种产物"③。因此,"从直接生活的物质生产出发阐述现实的生产过程,把同这种生产方式相联系的、它所产生的交往形式即各个不同阶段上的市民社会理解为整个历史的基础;以市民社会作为国家的活动描述市民社会,同时从市民社会出发阐明意识的所有各种不同理论的产物和形式,如宗教、哲学、道德等等;而且追溯它们产生的过程"④。这里的"市民社会"就是作为社会意识或精神产生的根源,是整个社会上层建筑的基础。就像他们曾说过的一句很形象、生动的话,"'精神'从一开始就很倒霉,受到物质的'纠缠'"⑤。由此可见,在马克思、恩格斯唯物史观基础上的

---

①　《马克思恩格斯文集》(第二卷),人民出版社,2009 年,第591 页。
②　《马克思恩格斯选集》(第一卷),人民出版社,1995 年,第79 页。
③　《马克思恩格斯选集》(第一卷),人民出版社,1995 年,第81 页。
④　《马克思恩格斯选集》(第一卷),人民出版社,1995 年,第92 页。
⑤　《马克思恩格斯选集》(第一卷),人民出版社,1995 年,第81 页。

道德,虽然具有一定独立性的发展、作用形式,但却不能与物质生产相分离,摆脱它们去随意构造,因为"人们自觉地或不自觉地,归根到底总是从他们阶级地位所依据的实际关系中——从他们进行生产和交换的经济关系中,吸取自己的道德观念"[①]。

其次,唯物史观下的道德观不是抽象空洞的道德,而是具体的、实践的、发展的道德。马克思主义的道德观,是在批判旧的道德观过程中发展起来的新的道德观。在一些专著中,马克思、恩格斯用鲜明的道德语言表达了对资本家追逐剩余价值而导致工人劳动异化的愤慨。比如揭露资本主义生产关系的不道德时,马克思、恩格斯曾说:"劳动对工人来说是外在的东西,也就是说,不属于他的本质;因此,他在自己的劳动中不是肯定自己,而是否定自己,不是感到幸福,而是感到不幸,不是自由地发挥自己的体力和智力,而是使自己的肉体受折磨、精神遭摧残。"[②]以此批判了资本主义社会中工人付出的劳动已经丧失了道德本质,并且以资本家与工人在物质生活上的越发两极分化的情况来说明资本主义社会的不道德:"一方面所发生的需要和满足需要的资料的精致化,另一方面产生着需要的牲畜般的野蛮化和最彻底的、粗陋的、抽象的简单化。"[③]马克思、恩格斯创立的道德观并不是纯粹思辨的理论思想,而是通过对资产阶级道德的批判,在具体的道德现象和道德行为中发展起来的。也就是说,马克思主义道德观将对道德的认识回归现实。在《德意志意识形态》中,马克思强调"要从思辨的王国回到现实生活中来"。这里的"现实生活"就是强调从"现实的世界""现实的人"出发。"现实的世界"是具体历史条件下的物质生产与交往关系所构成的世界,"现实的人"则是指具体历史条件下,有生命的个体的活动、实践、生活等。随着社会历史

---

① 《马克思恩格斯全集》(第20卷),人民出版社,1971年,第102页。
② 《马克思恩格斯全集》(第3卷),人民出版社,2002年,第270页。
③ 《马克思恩格斯全集》(第3卷),人民出版社,2002年,第340页。

条件的发展变化,道德的内容也跟着变化,是"阶级的、历史的",是具体的随着实践发展而发展的。"'思想'一旦离开'利益',就一定会使自己出丑。"①马克思既不赞成宗教道德所宣扬的舍弃物质去求得来世救赎的禁欲主义,也不赞成资本主义物质享受高于一切的享乐主义。道德作为社会意识中的一种,是建立在一定经济基础之上的,必须要从经济基础中追溯道德的产生与发展,离开经济基础谈道德都是空洞的、虚伪的,因此道德就是阶级的、历史的。

最后,马克思主义的道德观强调个人道德与社会道德、个人利益与普遍利益的辩证统一。马克思、恩格斯是彻底的人道主义者与真正的道德实践家,其个人道德观是根据个体的道德实践所作出的价值判断,社会道德观则是在批判资本主义社会不道德的过程中形成。早在青年时期,马克思在《青年在选择职业时的考虑》中谈道:"在选择职业时,我们应该遵循的主要指针是人类的幸福和我们自身的完美。不应认为,这两种利益会彼此敌对、互相冲突,一种利益必定消灭另一种利益;相反,人的本性是这样的:人只有为同时代人的完美、为他们的幸福而工作,自己才能达到完美。"②此时他基于对个人利益寓于社会利益的辩证统一关系中的认识之上,确立了为全人类幸福奋斗终身的理想。此后,马克思在《莱茵报》当编辑时为砍伐森林的农民辩护,反对剥削人的资本主义;在饥寒交迫时仍然不辍《资本论》的撰写;投入到无产阶级反抗资产阶级的工人运动、推动无产阶级的革命、为实现全人类解放而奋斗。马克思的终身社会实践就是把个人道德的发展寓于社会道德的实践之中,把个人利益寓于社会普遍利益的谋取之中。"分工的发展也产生了单个人的利益或单个家庭的利益与所有互相交往的个人的共同利益

---

① 《马克思恩格斯全集》(第2卷),人民出版社,1957年,第103页。
② 《马克思恩格斯全集》(第1卷),人民出版社,1995年,第459页。

之间的矛盾;而且这种共同利益不是仅仅作为一种'普遍的东西'存在于观念之中,而首先是作为彼此有了分工的个人之间的相互依存关系存在于现实之中。"①在个人利益与普遍利益的关系上,马克思、恩格斯一直强调人们的个人利益与普遍利益是内在统一的,存在共同利益。当然,马克思、恩格斯又指出,"个人利益总是违反个人的意志而发展为阶级利益,发展为共同利益,后者脱离单独的个人而获得独立性,并在独立化过程中取得普遍利益的形式,作为普遍利益又与真正的个人发生矛盾"②。这种情况又是在私有制条件下,人们大都利己的情形下发生的。"在个人利益变为阶级利益而获得独立存在的这个过程中,个人的行为不可避免地受到物化、异化,同时又表现为不依赖于个人的、通过交往而形成的力量,从而个人的行为转化为社会关系,转化为某些力量,决定着和管制着个人。"③

总之,马克思、恩格斯的道德观认为,个人利益与普遍利益是内在统一的,普遍的共同利益总是由个人利益所组成,而个人的利益又必须在普遍利益中得到存在发展的形式,两者的对立只是表面的,最终发展成"没有阶级和阶级对立的、以个人的自由发展为一切人自由发展的条件的自由人联合体"。联合体"实质上都是为经济目的服务的,但是这些目的被意识形态的附带物掩饰和遮盖了。未来的联合体将把后者的清醒同古代联合体对共同的社会福利的关心结合,并且这样来达到自己的目的"④。也就是说,当人们把利己与关心社会福利结合起来,才是我们追求的合乎道德与正义的联合体。这是个人利益与普遍利益相统一的必然结果。

---

① 《马克思恩格斯选集》(第一卷),人民出版社,1995 年,第 84 页。
② 《马克思恩格斯全集》(第 3 卷),人民出版社,1960 年,第 273 页。
③ 《马克思恩格斯全集》(第 3 卷),人民出版社,1960 年,第 273 页。
④ 《马克思恩格斯全集》(第 21 卷),人民出版社,1965 年,第 447 页。

二、相关学科的主要理论视角

(一) 人性假设理论

对人性的理解深刻影响着一切道德建设的始终。人性及人性的假设也一直是众多学者关注的难题，中外古今的学者、专家提出了很多假设理论，包括"工具人""经济人""社会人""自我实现人""复杂人""文化人""理性人""情感人""决策人"等。对干部道德建设的研究有重要影响的主要有以下几种观点：

1. 道德人

"道德人"的提出是基于人性善的假设，认为人都具有同情心、爱心和公利心。[①] "人性善"是我国历史上儒家道德文化的核心部分，所谓"人之初，性本善"的儒学观点对我国历史的发展影响至深，反映到对官员的治理上，"道德人"的基本假设强调"为政以德"。在西方，哲学家苏格拉底首先开创了德性主义的人性理论模式，经柏拉图、亚里士多德等逐步发展后奠定了德性主义的人性理论传统。"无论人们会认为某人怎样自私，这个人的天赋中总是明显地存在着这样一些本性，这些本性使他关心别人的命运，把别人的幸福看成是自己的事情。"[②]现在，"道德人"的观念也总是基于人有支配个人行为的爱、同情心与追求自由的动机、欲望。

"道德人"的观念让人们更愿意相信人类"善"的一面，在干部道德建设中更强调自我修身的力量，相信并鼓励人们成为道德楷模、道德英雄。这样的人性假设是我国古代官德建设的核心依据，甚至对现在的干部道德建设

---

① 陈华平：《简评公务员道德建设的人性假设》，《行政论坛》，2004 年第 5 期。
② ［英］亚当·斯密：《道德情操论》，蒋自强、钦北愚、朱钟棣等译，商务印书馆，1997 年，第 5 页。

也有很大的影响,但从以往的经验中,我们也已经发现了其问题与缺陷,包括过分依赖道德的力量导致道德虚幻化等。

2. 经济人

18 世纪,西方享乐主义哲学家、经济学家亚当·斯密提出了"经济人"的假设——"有理性的、追求自身利益最大化的人"。"经济人"的人性假设是社会发展到一定历史阶段的产物,是资本主义生产关系的反映,推动资本主义社会的发展。现在,在公共管理学界,"经济人"的内涵主要是指从事社会经济活动的当事人都以理性方式追求自身利益(或效用)最大化,利己性和理性(或有限理性)是"经济人"行为的两个基本特征,其中利己性是"经济人"的灵魂。① 同时,有学者指出,西方"经济人"的假设"并不是自私自利的同义语,经济人本身并不包含对人的经济行为的褒贬,只是实证的描述而已,经济人完全可能也是利他之人"②。"经济人"成为经济学中最经典的基本假设之后,内涵之一是"人的自利性,即每个人都要为自己打算,总是在追求自己认为有价值的东西。'经济人'内在的偏好结构,决定了他对不同目标的价值评价。而意识形态和制度环境,可以通过改变人们的偏好体系,从而影响个人的自利选择。这种价值物,既可以是物质利益,也可以是非物质利益;既包括利己的因素,也包括利他的因素"③。"经济人"假设不断的发展,已经不能简单地从"经济人"的欲望去理解运用它。

"经济人"的思想为公共选择提供更多思考空间,它强调"总是宁可选择能为自己带来更大个人满足的决定"④。在官员干部这一群体中,"经济人"

---

① 刘瑞、吴振兴:《政府人是公共人而非经济人》,《中国人民大学学报》,2001 年第 2 期。

② 董新建:《政府是否是"经济人"?》,《中国行政管理》,2004 年第 3 期。

③ 倪秋菊、倪星:《政府官员的"经济人"角色及其行为模式分析》,《武汉大学学报》(哲学社会科学版),2004 年第 2 期。

④ 陈振明:《政治与经济的整合研究:公共选择理论方法的意义与局限》,《中国社会科学文摘》,2003 年第 4 期。

提示了他们寻求个人利益的事实必要,包括较高薪资、职位晋升、休息闲暇等工作、生活的追求,也包括了在扭曲利益观下的寻租可能性。相对于"道德人"来说,"经济人"作为资本主义市场经济时代的产物,让我们有了不同的角度去更全面地发现人性、诠释人性。当然,在干部群体中片面强调"经济人"的作用只会导致私欲的膨胀,给干部道德建设带来更多阻力。

3. 公共人

在公共管理学研究中,一个隐含的前提是把政府及其官员看作"公共人"。学者张康之在《寻找公共行政的伦理视角》一书中指出,在现代社会日益分化为私人活动领域和公共活动领域基础上,私人活动领域是市场,公共活动领域是公共行政;市场以个人利益最大化为目标,公共行政以公共利益为最大目标,如果从人性假设论出发,市场主体是"经济人",公共行政主体是"公共人"。[①] 这里的"公共人"是指以公共利益为行为动机、已经摒弃个人狭隘私利的公共管理者。政府发展至今,强调公共行政维护公共利益,公共行政的基本宗旨就是"维护公共利益,并通过对公共利益的维护而增强一个社会共同体的公共性内涵"[②]。

"公共人"的提出,对于行政人员来说,引发了他们追求公共利益至上的道德自觉的思考;对于干部道德建设来说,提供了建设的理论可行性,帮助提出道德建设的目标,但同时也存在过分强调公共利益而忽视干部个体因素的弊端。

总的说来,人性的各种假设,不管是"道德人""经济人"还是"公共人",对于干部道德建设来说,这些理论的运用都有其局限性。人性是复杂多变的,对于处在全面深化改革时期的官员干部来说,面临的矛盾利益问题更

---

① 张康之:《寻找公共行政的伦理视角》,中国人民大学出版社,2002 年,第155 页。
② 张康之:《公共行政:"经济人"假设的适应性问题》,《中山大学学报》(社会科学版),2004 年第 2 期。

多,人性更加难以理解,不可能简单地去分析、研究,我们需要一个更为全面、真实的人性观为干部道德建设提供科学的指导。

(二)社会学的角色理论

20世纪以来,社会学家开始探索人际互动的基本过程,并由此产生了互动理论,角色理论便是由互动理论发展而来的。最早使用"角色"概念的是德国社会学家格奥尔格·齐美尔。之后,美国社会学家、人类学家乔治·赫伯特·米德将戏剧、电影中的"角色"概念借用到社会学中,以此来讨论个人与社会之间的关系。现在,"角色"概念已经成为心理学、社会学、伦理学的基本概念之一。笼统说来,角色理论主要包括以下核心概念:

1. 角色(社会角色)

角色,是指由人们所处的特定社会地位、身份所决定的一整套的行为模式,是人们对具有特定地位的人的行为的一种期望,它是社会群体的基础,随着社会实践的发展而不断更新内容。[①] 我国学者郑杭生认为,社会角色是指与个人所拥有的社会地位、身份相一致的一整套权利、义务的规范和行为模式。[②] 可以看出,角色就是由个人扮演的、组成社会构成的基本单位,并且承担与其地位相一致的一系列权利与义务等。

2. 角色学习

所谓角色学习,是指社会成员掌握社会角色理想性的行为准则、技能,提高角色认知水平,缩短与理想角色的差距的过程。角色学习既是角色扮演的基础,又是个体社会化的重要途径。它的内容是由扮演的角色所需要的知识和技能来决定的,主要包括角色义务、角色权利和角色行为规范,以

[①] 宋超英、曹孟勤:《社会学原理》,警官教育出版社,1991年,第84页。
[②] 郑杭生:《社会学概念新编》,中国人民大学出版社,2003年,第41页。

及角色的情感和态度。① 角色学习是一个对其角色知识接受、理解、消化的持续且长期的过程,它为角色的最终扮演做准备。比如社会上一些培训、学习讲座、锻炼等,都是角色学习的范畴。

3. 角色扮演(角色行使、角色承担)

角色扮演是角色学习的归宿,也是角色理论的核心,它指个人依靠想象去扮演他人,把自己想象成为他人,依据对他人所处情境的假象和理解,选取他人的观点来看待分析问题,预测他人可能发生的行为,并预测他人对实际行动做出的反应。② 角色扮演成为角色学习的归宿,是因为角色学习的目标终究是要指导人们更好地进行角色的扮演,解决好实际生活中的角色冲突等一系列问题。一般而言,"角色扮演的成功程度取决于个体对所处地位和社会期望的内在解释、传递与选择,取决于行为受社会期望调节的程度和角色扮演技巧与能力,取决于角色扮演的社会环境和情景状况等"③。角色扮演是角色理论的核心,因为角色理论的提出就是为了更密切地关注人们实际生活中的角色扮演问题,并且角色理论的研究也要以角色扮演为基本素材。总之,角色扮演是角色理论中对实践最具意义的部分。

角色理论对于理解个人与组织、社会及其相互之间的关系有极为重要的作用。在干部道德建设中,一直存在职业道德与角色道德定位的争论。较先强调从角色道德角度定位官德的代表学者是李建华,他指出把官德定位于职业道德不仅给官德理论研究带来混乱,而且给官德建设也带来某种程度上的不利,如降低官德的社会地位和自身要求、弱化角色意识、官德建设的超前性与社会道德的现实性相混淆、官德的具体要求上出现了模糊

---

① 邱德亮:《论社会角色责任与角色道德建设》,东北师范大学博士学位论文,2007 年,第 13 页。
② [美]蒂芬·P. 罗宾斯:《组织行为学》(第七版),孙健敏、李原等译,中国人民大学出版社,1997 年,第 346 页。
③ 庞树奇、范明林:《普通社会学理论新编》,上海大学出版社,1998 年,第 153 页。

性。① 此外,他还阐释了官德作为一种角色道德,包含的角色责任、角色技能、角色调解等具体含义。总的说来,角色理论推进了干部道德建设研究的新进展,也成为当今大多数的官德定位取向。

(三)政治学的公共权力理论

公共权力也称为政治权力,是权力中最重要的一种。一般来说,它是指在公共管理的过程中,由政府官员及相关部门工作人员掌握并行使的,用以处理公共事务、维护公共秩序以及增进公共利益等的权力。公共权力是社会权力集中化的表现,是人类社会发展到一定历史阶段的必然产物,它的诞生是人类自身为了维护生存秩序、实现公共利益。黑格尔曾指出:"国家职务要求个人不要独立地和任性的追求主观目的,并且正因为个人做了这种牺牲,它才给与个人一种权利,让他在尽职履行公务的时候,而且仅仅在这种时候追求主观目的。"②也就是说,国家公职人员是被赋予了特殊道德要求的"公共人",应追求与人民、国家一致的公共利益,这是他们作为公共权力代理人的应然职责。然而,由于国家或政府对公共事务的管理并不是直接发生的,而是由一批政府官员和相关部门去具体实施的,这种公共权力的代理性使得公共权力异化、滥用出现,权力天然的腐蚀性使得实际运行中的政府官员并不总能秉承公共权力的要求去行使手中的权力,而是将公共权力用作私人服务,产生所谓的权力腐败。政治家塞谬尔·亨廷顿认为,"腐化是指国家官员为了谋取个人私利而违反公认准则的行为"③。雅科布·范·克拉夫伦认为,权力腐败指将公共职务视为一种经营活动,继而意图"寻求

---

① 李建华:《官员的道德》,北京大学出版社,2012 年,第 25～28 页。

② [德]黑格尔:《法哲学原理》,范扬、张企泰译,商务印书馆,1961 年,第 312 页。

③ [美]塞缪尔·P. 亨廷顿:《变化社会中的政治秩序》,王冠华、刘为等译,生活·读书·新知三联书店,1989 年,第 54 页。

最大限度地扩大这个职位的收益"的行为。在我国,权力异化、腐败问题已不可小觑,主要表现为以下四种[1]:

1. 权力寻租

现代公共选择学派把一些政府要员或企业的高层领导利用自己手握的公权,避开各种监控、法规、审查,来换取个人及小圈子的利益,以达到寻求或维护既得利益的活动称为"权力寻租"。[2] 寻租理论认为,这一现象的出现是政府干预市场而带来以租金形式出现的经济利益。随着我国市场经济的迅速发展,"体制内寻租"已经向"市场领域寻租"扩散。

2. 权力递延

权力递延是这样一种现象:当一人在政府身居要职,其家人或亲信朋友也会在适当的时候被其下属"照顾"成为政府的某一职员。这种权力递延现象在我国十分严重,我国传统观念里的潜在共识就有"一人得道,鸡犬升天"。事实上,在以往社会中,家族中一人升做官员,其亲朋乡邻也陆续被提拔录用的事实的确不在少数。这种不健康的潜在共识在新时期仍然大有市场,公共权力家族化、裙带化的权力递延现象仍有存量,主要包括领导干部有意递延、领导干部的家族成员利用其职务影响而谋得权力递延、领导干部下属为谋取私利而促成权力递延等情形。权力递延的现象严重影响整个社会的利益分配,极易引发干群矛盾。

3. 权力上瘾

我国古代社会"人治"思想较盛,在世俗社会中"崇官"现象较为普遍。再加上我国封建统治时期较长,遗留下来的官僚作风较为严重。"官本位"的社会一定程度上助长了治理者对权力的上瘾、痴迷。权力上瘾主要包括

① 郑自立:《当代中国公共权力异化现象研究》,《安徽行政学院学报》,2013年第3期。
② 郑自立:《当代中国公共权力异化现象研究》,《安徽行政学院学报》,2013年第3期。

"恋权癖""求权癖""贪权癖"等,是一部分官员干部为了获得更多的权力,不择手段甚至不惜违法乱纪乃至犯罪的现象。权力上瘾是我国公共权力绝对化、集聚化、私人化的恶劣后果,是由"人治"到"法治"治理模式转换还未完成导致的政治现象,它提示我国必须加快政治体制改革与民主政治建设。

4.权力染黑

权力染黑是指一些有腐败意愿或已存在腐败事实的官员干部,为了维护自己"不合法"的权力和地位铤而走险,不惜利用黑恶势力的力量来获取既得利益的一种官场现象。权力染黑也是公共权力极度私有化的结果,是长期以来法制建设薄弱的表现之一。它主要表现为内部小团体化、拉帮结派化,以及官员干部与地方黑恶势力相互勾结等。权力染黑现象在我国已经严重影响官员干部在群众心目中的形象,极大地降低了政府公信力。

公共权力的理论是公共管理学科对于干部道德建设进行研究的一个思考视角,它提示了干部道德建设与约束权力腐败的重要性。此外,公共权力理论也强调了官员干部身份地位的特殊性,启示干部道德建设不能仅仅"以德治德",而是要在道德建设中融入法律、制度的力量,如此刚柔并济的建设手段才能提高官德建设的实效性。

以上几种理论视角是目前研究中国共产党干部道德建设的主要研究视角,各有长处与不足。整体而言,不同专业学科背景下的研究,有利于探索如何培养并加强干部道德素质,对推进干部道德建设的研究有重大意义。

第二章　全面深化改革下干部道德建设的重大意义及新表现

第一节　全面深化改革是实现"两个一百年"奋斗目标的核心战略

一、全面深化改革的提出

我国的改革开放以党的十一届三中全会为标志,至今已经走过四十多年历程。中国共产党以巨大的勇气,锐意推进经济体制、政治体制、文化体制、社会体制、生态文明体制和党的建设制度等各个方面的改革,持续深入的扩大开放也使得中国发生了翻天覆地的变化,如经济总量跃至世界第二位,成为世界第二大经济实体;社会生产力、经济实力、科技实力快速发展,迈上历史的新台阶;人民生活水平、城乡居民收入整体提高,实现全面小康;社会保障水平及科技、文化、卫生、教育、体育等事业稳步向前,社会各项事业协调发展;综合国力由弱到强,国际影响力显著提高。"中国人民的面貌、社会主义中国的面貌、中国共产党的面貌能发生如此深刻的变化,我国能在国际社会赢得举足轻重的地位,靠的就是坚持不懈推进改革开放。"①可以说,我国经济的持续繁荣、政治的不断发展、文化的日益繁荣等,已构建起全方位的改革开放大局面。

不容忽视的是,在改革开放的道路上,我国的发展也面临了一系列的突出矛盾和挑战,以及要解决的新的难题。2013 年 11 月 16 日,习近平总书记在党的十八届三中全会的《中共中央关于全面深化改革若干重大问题的决定》中指出:"发展中不平衡、不协调、不可持续问题依然突出,科技创新能力不强,产业结构不合理,发展方式依然粗放,城乡区域发展差距和居民收入分配差距依然较大,社会矛盾明显增多,教育、就业、社会保障、医疗、住房、生态环境、食品药品安全、安全生产、社会治安、执法司法等关系群众切身利益的问题较多,部分群众生活困难,形式主义、官僚主义、享乐主义和奢靡之风问题突出,一些领域消极腐败现象易发多发,反腐败斗争形势依然严峻,等等。"②这些都是我国经济社会发展中已经遇到的一系列中国式难题。此外,中国的人均 GDP,2011 年达 35083 元,2014 年达 46531 元,这些数据标志着我国进入了中等收入国家行列。相当一部分发展中国家在进入中等收入国家发展阶段后会陷入"中等收入陷阱"。世界银行 2006 年发布的《东亚经济报告》指出,陷入"中等收入陷阱"的国家所共有的特征包括经济增长回落或停滞、就业困难、贫富分化、社会动荡、社会公共服务短缺、金融体系脆弱、腐败多发、过度城市化造成畸形发展等。对于我国来说,也存在"中等收入陷阱"的威胁,主要包括收入差距扩大、腐败案频发、环境和生态状况的恶

---

① 中共中央文献研究室编:《习近平关于全面深化改革论述摘编》,中央文献出版社,2014 年,第 6 页。

② 中共中央文献研究室编:《习近平关于全面深化改革论述摘编》,中央文献出版社,2014 年,第 6 页。

化,均达到库兹涅茨倒 U 型曲线的高点。① 这对中国的发展来说是一个警示。

要解决我国发展中面临的新难题、新困境,化解各个方面的风险挑战,"除了深化改革开放,别无他途"②。习近平总书记指出,"现在,我国国际环境总体稳定,国际地位和国际影响力大幅提高,塑造国际关系和国际秩序能力大幅提高;我们在改革开放中积累了丰富实践经验和理论成果,对中国特色社会主义规律的认识不断深化;全党全国各族人民在实现中华民族伟大复兴的中国梦上精气神高涨。总的来看,主客观条件都对我们全面深化改革有利。这个历史性机遇千载难逢,抓住就能赢得战略主动,否则就有可能陷于被动。必须增强机遇意识,通过全面深化改革,充分发挥我们的独特优势,激发党和国家生机活力"③。并且指出"中国共产党人干革命、搞建设、抓改革,从来都是为了解决中国的现实问题"④。也就是说,中国不惧未来的风险与挑战,对经济的发展抱有信心,也不会落入所谓中等收入国家陷阱,这样的信心就是源于改革。

党的十八大以来,习近平总书记多次强调指出:"改革开放是决定当代中国命运的关键一招,也是决定实现'两个一百年'奋斗目标、实现中华民族伟大复兴的关键一招。"⑤"改革开放最主要的成果是开创和发展了中国特色社会主义,为社会主义现代化建设提供了强大动力和有力保障。事实证明,

---

① 洪银兴主编:《"四个全面"战略布局研究丛书:全面深化改革》,江苏人民出版社,2015 年,第 5 页。

② 中共中央文献研究室编:《习近平关于全面深化改革论述摘编》,中央文献出版社,2014 年,第 10 页。

③ 中共中央宣传部编:《习近平总书记系列重要讲话读本》,学习出版社、人民出版社,2014 年,第 41 页。

④ 中共中央文献研究室编:《习近平关于全面深化改革论述摘编》,中央文献出版社,2014 年,第 8 页。

⑤ 中共中央宣传部编:《习近平总书记系列重要讲话读本(2016 年版)》,学习出版社、人民出版社,2016 年,第 67 ~ 68 页。

改革开放是决定当代中国命运的关键抉择,是党和人民事业大踏步赶上时代的重要法宝。"①"停顿和倒退没有出路,思想僵化、固步自封,必将被时代所淘汰。"②在党的十八届三中全会第二次全体会议上的讲话中,习近平总书记指出:"改革开放是党和人民事业大踏步赶上时代的重要法宝,是党和国家保持生机活力的关键,是当代中国最鲜明的特色,也是当代中国共产党人最鲜明的品格。"③这"四个是"充分显示了中国共产党对改革开放推动中国发展的重大战略的深刻认识,也充分表明了中国共产党推动全面深化改革的坚定决心。

改革的需要源于现实问题,我们要用改革的手段来解决现实中的困境、难题,同时又在解决问题的过程中不断深化改革的过程。习近平总书记在中共中央召开的党外人士座谈会上的讲话中提出:"实现党的十八大描绘的全面建成小康社会、加快推进社会主义现代化、实现中华民族伟大复兴的宏伟蓝图,要求全面深化改革。坚持和发展中国特色社会主义,不断推进中国特色社会主义制度自我完善和发展,进一步解放和发展社会生产力、继续充分释放全社会创造活力,要求全面深化改革。解决我国发展面临的一系列突出矛盾和问题,实现经济社会持续健康发展,不断改善人民生活,要求全面深化改革。"④也就是说,就我国现实国情来说,全面深化改革是大势所趋、人心所向。

2013 年 11 月 22 日,党的十八届三中全会通过《中共中央关于决定全面深化改革若干重大问题的决定》,明确指出:"面对新形势新任务,全面建成

---

① 《中共中央关于全面深化改革若干重大问题的决定》,人民出版社,2013 年,第 2 页。

② 中共中央宣传部编:《习近平总书记系列重要讲话读本(2016 年版)》,学习出版社、人民出版社,2016 年,第 68 页。

③ 中共中央文献研究室编:《习近平关于全面深化改革论述摘编》,中央文献出版社,2014 年,第 9 页。

④ 中共中央文献研究室编:《习近平关于全面深化改革论述摘编》,中央文献出版社,2014 年,第 5 页。

小康社会,进而建成富强民主文明和谐的社会主义现代化国家、实现中华民族伟大复兴的中国梦,必须在新的历史起点上全面深化改革。"[1]

二、全面深化改革是实现"两个一百年"奋斗目标的根本动力

全面深化改革是中国共产党在新的时代条件下带领全国各族人民进行的伟大革命,是当代中国最鲜明的特色,对我国实现"两个一百年"奋斗目标有着重大战略意义,是实现"两个一百年"奋斗目标的根本动力。党的十八以来,习近平总书记多次强调指出:"改革开放是决定当代中国命运的关键一招,也是决定实现'两个一百年'奋斗目标、实现中华民族伟大复兴的关键一招。"[2]在全面深化改革战略下,我党带领全国人民完成脱贫攻坚、全面建成小康社会的历史任务,实现第一个百年奋斗目标。党的二十大报告指出:"我国经济实力实现历史性跃升。国内生产总值从五十四万亿元增长到一百一十四万亿元,我国经济总量占世界经济的比重达百分之十八点五,提高七点二个百分点,稳居世界第二位;人均国内生产总值从三万九千八百元增加到八万一千元。"[3]现在世界各国都在加快推进新时代的变革,特别是新一轮的科技革命和产业革命正在孕育兴起。在这样的全球形势下,我国要认清形势、居安思危、奋起直追,就必须顺应当今世界发展潮流、与世界发生更紧密的联系,就要更进一步的改革开放,在解放思想、与时俱进的过程中进一步解放和发展社会生产力、进一步增强社会活力。我们必须通过"五位一

---

[1]　《中共中央关于全面深化改革若干重大问题的决定》,人民出版社,2013年,第2页。

[2]　中共中央文献研究室编:《习近平关于全面深化改革论述摘编》,中央文献出版社,2014年,第3页。

[3]　习近平:《高举中国特色社会主义伟大旗帜　为全面建设社会主义现代化国家而团结奋斗——在中国共产党第二十次全国代表大会上的报告》(2022年10月16日),人民出版社,2022年,第8页。

体"的全面深化改革战略,实现改革理论与国家政策的重大突破,进一步完善各个领域的体制改革,激发全体人民的主动性、积极性与创造性,为社会发展创造有利条件,为实现"两个一百年"奋斗目标与中国梦提供不竭动力。

首先,全面深化改革是提供"两个一百年"奋斗目标根本动力的中国式道路。第一次的改革开放,是在 20 世纪 70 年代末,当时我国经济落后、人民生活水平低下甚至食不果腹,面对这样的国内形势,邓小平提出如果再不实行改革,国家现代化事业与社会主义事业将会被葬送。于是,以邓小平同志为主要代表的中国共产党人在党的十一届三中全会上作出了改革开放的重大决策,我国进入改革开放的时代。习近平总书记曾指出,"改革开放是我们党的历史上一个伟大觉醒,正是这个伟大觉醒孕育了新时期从理论到实践的伟大创造"①。同时,"改革开放只有进行时没有完成时"②。自改革开放以来,我国经济得到迅速发展、人民生活水平不断提高,逐渐成为国际上越来越有影响力的大国。"没有改革开放,就没有中国的今天,也就没有中国的明天。"③而当前,改革又到了一个新的历史关头,改革进入深水区,必须全面深化改革以激发更多生产活力。新时期的全面深化改革,既是之前改革的延续、加深,又在新时代被赋予更为深刻、丰富的新内容。中国需要走改革开放的道路,这是三十几年的发展经验告诉我们的;中国需要更深层次更与时俱进的深化改革,这是解决新矛盾、迎接新挑战的必然途径;中国实施全面深化改革的战略,这是时代变化下由我国当下的国情决定的。就像习近平总书记曾指出的:"中国特色社会主义之所以具有蓬勃生命力,就在

---

① 中共中央文献研究室编:《习近平关于全面深化改革论述摘编》,中央文献出版社,2014 年,第 2 页。

② 中共中央文献研究室编:《习近平关于全面深化改革论述摘编》,中央文献出版社,2014 年,第 4 页。

③ 中共中央文献研究室编:《习近平关于全面深化改革论述摘编》,中央文献出版社,2014 年,第 4 页。

于是实行改革开放的社会主义。我国过去三十多年的快速发展靠的是改革开放,我国未来发展也必须坚定不移依靠改革开放。只有改革开放才能发展中国、发展社会主义、发展马克思主义。中国特色社会主义在改革开放中产生,也必将在改革开放中发展壮大。"①因此,走改革开放这条中国式道路,在改革开放中解决改革开放带来的矛盾,是我国总结历史发展经验得出的重要智慧,我们将通过这条中国式道路为最终实现中华民族伟大复兴的奋斗目标提供根本动力。

其次,全面深化改革作为关乎人民利益、改善民生的大举措,为实现"两个一百年"奋斗目标提供来自人民群众源源不断的动力。改革为了人民,改革依靠人民,改革成果由人民共享。众所周知,一切改革归根结底都是为了人民,为了让人民百姓过上好日子。过去几十年的改革,为了激发市场活力,推进市场经济建设,实施允许一部分人先富起来的政策,鼓励效率优先、调动一切积极因素把社会主义的蛋糕做大。现在成果出来了,我国的经济水平已经有了极大发展,社会主义的蛋糕已经做得相当大了,但贫富差距拉大的问题也冒出来了。现在我国实施全面深化改革的战略,总要求之一就是"坚持以促进社会公平正义、增进人民福祉为出发点和落脚点"②,"让一切创造社会财富的源泉充分涌流,让发展成果更多更公平惠及全体人民"③。2015年2月27日,习近平总书记在中央全面深化改革领导小组第十次会议上也提出了"让人民群众有更多获得感"的改革要求。这里的"获得感"就是强调改革要从人民的根本利益出发,维护人民的利益、提高人民的收入水平与改善民生,这才是一切改革的根本意义所在。也正是因为如此,全面深化

---

① 中共中央文献研究室编:《习近平关于全面深化改革论述摘编》,中央文献出版社,2014年,第1页。

② 《中共中央关于全面深化改革若干重大问题的决定》,人民出版社,2013年,第3页。

③ 《中共中央关于全面深化改革若干重大问题的决定》,人民出版社,2013年,第3页。

改革作为关乎人民利益、改善民生的大举措,将为实现"两个一百年"奋斗目标提供来自人民群众源源不断的动力支持。

最后,全面深化改革担负为"四个全面"整个战略凝聚力量、提供方法路径与精神内核的使命,为实现"两个一百年"奋斗目标提供不竭动力。"四个全面"是中国共产党坚持和完善中国特色社会主义道路,回应时代关切、实现人民福祉、建设现代化中国的基本方略,它包括"全面建成小康社会""全面深化改革""全面依法治国""全面从严治党"四个方面的战略内容,以此实现"两个一百年"奋斗目标。"对于全面建成小康社会,改革是贯穿始终的不变逻辑,也是实现这一宏伟目标的具体历史实践。对于全面依法治国,改革是齐头并进的姊妹篇,全面深化改革需要法治保障,全面依法治国也需要深化改革。对于全面从严治党,改革是党自我净化、自我完善、自我革新、自我提高的根本途径,党的领导则是实现改革发展目标的根本保证。"①也就是说,全面深化改革在突破利益固化的藩篱、发展社会公平与正义的过程中,为"四个全面"战略的顺利实施汇聚民心、凝聚力量;改革开放作为我国总结历史经验的重大建设法宝,在新的时代起点上进行全面深化改革,是推动"四个全面"向前发展的中国式方法、路径;全面深化改革秉持的实事求是、与时俱进、改革创新的精神,是凝结了中国智慧的精神,为"四个全面"战略的持续展开提供精神内核。由此可见,全面深化改革担负着"四个全面"整个战略凝聚力量、提供方法路径与精神内核的使命,为实现"两个一百年"奋斗目标提供不竭动力。

邓小平同志曾在《政治上发展民主,经济上实行改革》一文中指出,改革是中国几千年来从未干过的事,并且这场改革不仅影响中国,而且会影响世界。现在我国已经处在全面深化改革的时代,以习近平同志为核心的党中

---

① 人民日报社评论部编著:《"四个全面"学习读本》,人民出版社,2015 年,第 114 ~ 115 页。

央科学总结历史经验并把握现实需求,以新的改革与创新来突破历史发展的隘口,为破浪前行的中国航船,寻找一片更为广阔的水域,是最伟大的时代决策。新时期的全面深化改革,将汇聚各方力量,解决中国发展道路上的突出矛盾和问题,不惧挑战、不畏未来,为实现第二个百年奋斗目标提供不竭动力。

第二节　全面从严治党是全面深化改革的政治保障

一、全面从严治党的提出

马克思主义政党建设,尤其是执政党的建设,一直是我国十分强调的工作。自 1921 年中国共产党诞生以来,无论处于何种历史阶段,党都特别重视加强自身建设,要"管党""治党",这已经成为党取得不断胜利的重要法宝。新中国成立前,毛泽东同志便发起多次整风运动,尤其重视干部的思想教育工作。新中国成立后邓小平同志多次强调党要管党、从严治党。尤其是 1978 年改革开放以来,我国社会开始了前所未有的迅猛发展,全面从严治党的思想也在逐步形成。早在党的十三大,中国共产党就正式提出把从严治党作为新时期加强党的建设的基本方针,认为对"经不起考验的党员"仅靠教育是不够的,必须要从严治党以严明党纪;党的十四大通过了新修改的《党章》,首次把"坚持从严治党"写入党章总纲,强调"必须紧密围绕党的基本路线加强党的建设,坚持从严治党,发扬党的优良传统和作风,提高党的战斗力,把党建设成为领导全国人民沿着有中国特色的社会主义道路不断前进的坚强核心"①。党的十五大报告又指出了从严治党是保持党先进性与纯洁性并增强党凝聚力与战斗力的保证,要求"各级党委要坚持'党要管党'的原则,把从严治党的方针贯彻到党的建设的各项工作中去,坚决改变党内存在的纪律松弛和软弱涣散的现象"②。党的十六大强调:"一定要坚持党要管党、从严治党的方针,进一步解决提高党的领导水平和执政水平、提高拒腐防变和抵御风险能力这两大历史性课题。"③党的十七大报告指出:"必须把党的执政能力建设和先进性建设作为主线,坚持党要管党、从严治党。"④党的十七届四中全会则通过《中共中央关于加强和改进新形势下党的建设若干重大问题的决定》,强调指出:"坚持党要管党、从严治党,提高管党治党水平。治国必先治党、治党务必从严,实行党建工作责任制,坚持严格要求、严格教育、严格管理、严格监督,开展批评和自我批评,严肃党的纪律。"⑤并同时提出了"提高党的建设科学化水平"的重要命题和任务。到 2012 年 11 月,党的十八大强调:"坚持党要管党、从严治党,全面加强党的思想建设、组织建设、作风建设、反腐倡廉建设、制度建设,增强自我净化、自我完善、自我革新、自我提高能力。"⑥在"党要管党、从严治党"治党方针的形成历程中,中国共产党一直坚持党要管党、从严治党的治党思想,并在自身执政建设的过程中逐步丰富治党内涵与要求。2014 年 10 月,习近平总书记在群众路线教育实践活动总结大会上,首次提出"全面从严治党",并明确提出了全面推进从严治党的八项要求:一是落实从严治党责任;二是坚持思想建党和制度治党紧密结合;三是严肃党内政治生活;四是坚持从严管理干部;五是持续深

① 《中国共产党第十四次全国代表大会文件汇编》,人民出版社,1992 年,第 93 页。
② 《十五大以来重要文献选编》(上),人民出版社,2000 年,第 49～50 页。
③ 《十六大以来重要文献选编》(上),人民出版社,2005 年,第 38 页。
④ 《中国共产党第十七次全国代表大会文件汇编》,人民出版社,2007 年,第 48 页。
⑤ 《中共中央关于加强和改进新形势下党的建设若干重大问题的决定》,《人民日报》,2009 年 9 月 28 日,第 1 版。
⑥ 《十八大以来重要文献选编》(上),人民出版社,2014 年,第 39 页。

入改进作风;六是严明党的纪律;七是发挥人民监督作用;八是深入把握从严治党规律。2014 年 12 月,习近平总书记在江苏调研时把"全面从严治党"纳入治国理政战略布局中,成为"四个全面"之一。

"全面从严治党"是以习近平同志为核心的党中央在科学分析新时期党的建设基本态势、自觉运用中国共产党执政与建设规律、总结历史经验教训并立足完成历史使命的基础上所作出的重大战略部署。习近平总书记在上任不久后的中外记者见面会上就曾对全世界作出庄严承诺:"打铁还需自身硬。我们的责任,就是同全党同志一道,坚持党要管党、从严治党,切实解决自身存在的突出问题。"①2014 年 10 月 8 日,习近平总书记在党的群众路线教育实践活动总结大会指出:"以毛泽东、邓小平、江泽民同志为核心的党的三代中央领导集体和以胡锦涛同志为总书记的党中央都高度重视从严治党,党的十八大以来党中央在从严治党上进行了新探索。通过长期实践和探索,我们在从严治党上取得了重大成果、积累了重要经验,总体做得是好的。"②此外,针对当前的世情、国情、党情的深刻变化,他还再三强调:"党要管党,才能管好党;从严治党,才能治好党。对我们这样一个拥有八千五百多万党员、在一个十三亿人口大国长期执政的党,管党治党一刻不能松懈。如果管党不力、治党不严,人民群众反映强烈的党内突出问题得不到解决,那我们党迟早会失去执政资格,不可避免会被历史淘汰。这决不是危言耸听。"③并提出党需警惕的"四大危险",包括"精神懈怠危险、能力不足危险、脱离群众危险、消极腐败危险"④。习近平总书记指出:"历史使命越光荣,奋

---

① 《习近平论如何做合格的共产党员——十八大以来重要论述摘编》,《党建》,2014 年第 7 期。
② 习近平:《在党的群众路线教育实践活动总结大会上的讲话》,《人民日报》,2014 年 10 月 9 日。
③ 习近平:《在全国组织工作会议上的讲话》,《人民日报》,2013 年 6 月 28 日。
④ 习近平:《在党的群众路线教育实践活动总结大会上的讲话》,《人民日报》,2014 年 10 月 9 日。

斗目标越宏伟,执政环境越复杂,我们就越要增强忧患意识,越要从严治党。"①并且强调"全党同志必须在思想上真正明确,党的执政地位和领导地位并不是自然而然就能长期保持下去的,不管党、不抓党就有可能出问题甚至大问题,结果不只是党的事业不能成功,还有亡党亡国的危险"②。

可以说,"全面从严治党"是全面深化改革时期党加强自身执政能力建设的必然之举,为肩负全面深化改革重任的中国共产党提供最坚强的政治保障。

二、全面从严治党是全面深化改革顺利进行的前提与保证

全面从严治党,是总结群众路线教育实践活动经验作的关键决策,它强调从严治党必须从思想建设从严、组织建设从严、作风建设从严、反腐倡廉建设从严、制度建设从严五个方面,为全面深化改革的大战略提供最强大的政治保障,是全面深化改革得以顺利进行的前提和保证,主要表现在以下两个方面:

首先,全面从严治党为全面深化改革提供清正廉洁的领导干部群体。全面深化改革是一个具有时代意义的重大战略,关乎党和国家的生命,变革之广度、深度与面临的实际困难矛盾也是前所未有,必须要求一个执政能力、领导水平俱佳的干部队伍,才能担当好改革总舵手的职责。"全面深化改革,需要有力的组织保证和人才支撑"③,加强领导干部能力建设,是全面深化改革战略中的必然要求,才能运用巨大的政治智慧,处理好改革过程中

---

① 习近平:《在党的群众路线教育实践活动总结大会上的讲话》,《人民日报》,2014 年 10 月 9 日。

② 习近平:《在党的群众路线教育实践活动总结大会上的讲话》,《人民日报》,2014 年 10 月 9 日。

③ 《中共中央关于全面深化改革若干重大问题的决定》,人民出版社,2013 年,第 58 页。

面临的"六大关系",包括解放思想和实事求是的关系、整体推进和重点突破的关系、全局和局部的关系、顶层设计和摸着石头过河的关系、胆子要大和步子要稳的关系、改革发展稳定的关系。事实上,从中国共产党干部队伍建设现状来说,那些"不合格"的干部并非都是无才之人,而往往是"失德"之人。也就是说,干部们才干的发挥,与道德能力有很大关系,并且德还担负着"掌舵"重大作用。"各级党委要把党风廉政建设和反腐败斗争作为提高党的执政能力、巩固党的执政地位的一项重大政治任务抓紧抓实。"①如果在改革过程中,领导干部事业心、责任心不强,思想作风不端正,甚至道德沦丧、贪污腐败,改革的步伐必然会大受挫折。因此,中国共产党全面推进从严治党,以"打铁还需自身硬"为核心提出了一系列加强作风建设的重要思想,配合"动真格"的反腐斗争,大大净化了干部队伍,为全面深化改革提供德才兼备的干部。正如习近平总书记所说:"全面深化改革,对党的执政能力和领导水平是一个新的考验,对做好党的建设各项工作提出了新的更高的要求。我们搞培训、提素质,选干部、配班子,育人才、聚贤能,抓基层、打基础,转作风、树形象,倡廉洁、惩腐败,都要紧紧围绕全面深化改革来定任务、添措施、建机制,都要用保证和促进全面深化改革的实际成效来检验。要着眼于领导好全面深化改革这场攻坚战,加强学习和实践,努力提高各级领导干部的思想政治能力、动员组织能力、驾驭复杂矛盾能力。"②

其次,全面从严治党为全面深化改革营造风清气正的清明政治环境。习近平总书记曾指出:"当前,我们正在进行具有许多新的历史特点的伟大斗争,党肩负着历史重任,经受着时代考验。与国内外形势发展变化相比,与党所承担的历史任务相比,与党经受的时代考验相比,党的领导水平和执

---

① 《中共中央关于加强党的执政能力建设的决定》,《人民日报》,2004年9月27日。

② 中共中央文献研究室编:《习近平关于全面深化改革论述摘编》,中央文献出版社,2014年,第146页。

政水平、党组织建设状况和党员干部素质、能力、作风，都还有不小差距。一些干部得过且过，一些基层组织软弱涣散，不能发挥模范带头作用和战斗堡垒作用。一些党员干部作风问题比较突出，有的严重脱离群众，对群众疾苦漠然视之，甚至欺压群众、侵害群众利益；形式主义、官僚主义问题较为普遍地存在，奢侈浪费现象严重。一些领域消极腐败现象易发多发，不仅大案要案时有发生、令人触目惊心，而且发生在群众身边的腐败现象较多存在。"①这里"当前"的情况，就是全面深化改革所面临的残酷现实，是全面深化改革要解决的难题。正所谓"党的形象和威望、党的创造力凝聚力战斗力不仅直接关系党的命运，而且直接关系国家的命运、人民的命运、民族的命运"②。中国共产党肩负着多重历史重任，如果党内自身建设没有搞好，导致政治环境恶劣，官场生态遭到破坏，这必然会影响在全面深化改革这场战役中的领导力。全面从严治党的提出，不仅内容上科学、全面，包括党自身建设的五个方面以达到自我净化、自我完善、自我提高，而且"治"的对象更加全面，面对党内全体党员与党组织，从基层到领导、从普通党员到高级干部，都是从严治党、党要管党的对象，无一例外、毫不留情。此外，"从严"下的严厉更是前所未有，"思想上要严起来，整改上要严起来，正风肃纪上要严起来"，一"严"当头，使得全面从严治党从一开始便是动真格的，它的使命便是清理党内毒疮、焕发党的生命。因此必须全面推进从严治党，通过"管党""治党"充分提高党内干部队伍的德才素质，以"说到做到""越来越严"的作风使干部们"不敢腐、不想腐、不能腐"，营造一个风清气正的政治环境。

---

① 中共中央宣传部编：《习近平总书记系列重要讲话读本》，学习出版社、人民出版社，2014年，第 158 页。

② 习近平：《在党的群众路线教育实践活动总结大会上的讲话》，《人民日报》，2014 年 10 月 9 日。

第三节　干部道德建设是全面从严治党下的重要基础性工程

一、干部道德建设在全面深化改革背景下的特殊地位

干部道德建设对于全面深化改革的特殊性地位在于"官德先行"。一方面,官德本身具有极大的放大性与示范性。自古以来,我国深厚的"官本位"思想就集中体现了官员德行于民众的影响力。孔子曾说:"上好礼,则民莫敢不敬;上好义,则民莫敢不服;上好信,则民莫敢不用情。"(《论语·子路》)官德就是整个社会的道德风向标。社会主义社会的干部道德更是民众关注的焦点。干部们贪腐成风、以权谋私,不仅会遭致民怨四起,还会给社会整体道德风气带来恶劣影响;干部们执政为民、率先垂范,不仅受到民众的拥护、爱戴,还能给社会整体的道德建设形成积极导向。现在,中国共产党仍然存"一些党员干部作风问题比较突出,有的严重脱离群众,对群众疾苦漠然视之,甚至欺压群众、侵害群众利益;形式主义、官僚主义问题较为普遍地存在,奢侈浪费现象严重。一些领域消极腐败现象易发多发,不仅大案要案时有发生、令人触目惊心,而且发生在群众身边的腐败现象较多存在"①等诸多问题,这使得加强干部道德建设成为全面深化改革时代里一项紧迫而艰巨的任务。另一方面,官德是被社会赋予极高期望值的道德。官

---

① 中共中央宣传部编:《习近平总书记系列重要讲话读本》,学习出版社、人民出版社,2014年,第158页。

员是国家出现后才有的,国家需要官员来维持其基本的运行,其根本是人民需要代表,让他们为自己提供服务、保障利益。而这样的代表,也是人民心目中理想的化身,即德才兼备的人。此外,从我国历史来看,较长的"人治"时期里统治阶层"为政以德"的程度直接关系着国家的安定团结,官员们的清正廉洁程度直接影响着老百姓的生存状态。不仅有传统社会带来的官德观念,现在中国共产党作为唯一执政党,其整体道德水准如何,也直接影响社会主义本质下的"公仆意识"多大程度上被人民群众所认可。干部们的道德形象受到各个群体的密切关注,一言一行,一举一动,人们都寄予极高的期望。现在我国的改革开放已经进入了深水区,人民对干部的信任度与支持度尤为重要,对干部的道德行为更加敏感。因此,要打好全面深化改革这场攻坚战,就必须"官德先行",不断缩小人民对干部的理想期望与干部们的实际道德水平之间的差距,提高民众对干部的信任度与支持度。

"官德先行"的特殊地位又表现在以下几个方面:

1. 时代呼唤:全面深化改革下以德治党与依规治党的关键一环

"德法并治"是把"依法治国与以德治国相结合"①的治国方略,它不仅继承了我国历史上德治的积极经验,而且吸收了建立现代社会必然要求下的法治成果,是我国为步入新的发展时期——全面深化改革所制定的新的重大治国策略。以德治党与依规治党就是国家"德法并治"的治国方略下中国共产党自身建设必须长期坚持的战略方针,它要求大力推进新时期的干部道德建设。首先,干部队伍的道德水平代表了以德治党的水平。以德治党的首要就是党员干部是道德品质的标杆。中国共产党一直强调加强自身建设,努力提高党员干部的道德水平,这一关键途径便是干部道德建设。只有以干部道德建设为抓手,干部才能做好道德品质的标杆,从而实现真正的

---

① 《中国共产党章程汇编:从一大到十七大》,中共党史出版社,2007 年,第 216 页。

以德治党。其次,依规治党的实现根本在于人的道德素质。古人云,"徒法不足以自行",光有法律的约束作用还不够,治国治党必须强调纪律与道德的共同运用。比如干部缺德、无德,见利忘义、见利忘法,那么他们就有可能去想方设法地作出违法乱纪的事,突破法律的围墙。法律、制度、纪律等也就成了空壳,丧失了该有的约束力。"上梁不正下梁歪,中梁不正倒下来。"加强干部道德建设,提高干部们的道德修养水平,是全面深化改革下以德治党与依规治党的强烈时代呼唤。

2. 现实需要:解决全面深化改革所面临的道德滑坡现象

改革开放以来,我们一边享受经济发展、物质丰富后带来的满足感,又一边为越来越多道德败坏现象的出现而产生深深地忧虑。首先,道德水平并不会随着经济的发展而自然而然地上升。古人云,"仓廪实而知礼节,衣食足而知荣辱",然而市场经济飞速发展带来丰盛物质享受的同时并没有一并把人们的道德水平提升到新的高度。道德作为社会上层建筑,有自身的发展规律,遵循一定的独立发展轨迹。其次,官德失范现象对社会整体的道德滑坡带来更多恶劣影响。权力的特性使得干部的社会地位极其特殊,干部道德水平一定程度上是社会道德水平的晴雨表:干部道德建设有效,对社会的整体道德具有积极的示范、引领;干部道德建设落后,对整个社会的道德建设同样存在消极、负面的影响。现在社会上出现一定程度的"道德滑坡":人与人不信任、欺瞒,道德理想丧失,道德行为败坏,对道德的怀疑、打击等,与官德失落、干部伦理道德失控现象密切相关。也就是说,干部道德是社会道德的重要组成部分,干部道德建设在整个道德建设中居于首要、核心位置。最后,干部道德建设为全面深化改革营造积极的道德氛围。每一个历史时期,尤其是面临发展任务的关键时期,都需要良好社会风气的推动,全面深化改革这块"难啃的骨头"更是如此。它不仅需要党中央领导层有迎风破浪的勇气与智慧,还需要科学的总体设计与层层部署,更需要一个扶正祛邪、扬善惩恶的社会风气,才能汇聚共识、集聚力量,为改革增添信心与能量。干部道德建设围绕主流思想,以一系列道德要求塑造干部的道德行为,对整个社会风气形成最积极的示范作用,是营造社会道德氛围的最佳突破口。

3.执政必然:全面深化改革对加强和改善党的领导的必然要求

"其身正,不令而行;其身不正,虽令不从。"(《论语·子路》)自古以来,历朝历代都强调"治国之要在治吏",而"吏治之清浊,关乎民生之休戚"。也就是说,治吏之要首在倡德。中国共产党自诞生以来,历届主要领导人都十分注重自身建设,要求严于律己、从严治党。毛泽东同志曾深刻指出:"政治路线确定之后,干部就是决定的因素"①,认为"思想和政治又是统帅,是灵魂"②,精神可以转变为物质,十分重视对人心的改造,进行灵魂的革命。邓小平同志说:"高级干部能不能以身作则,影响是很大的。现在,不正之风很突出,要先从领导干部纠正起。群众的眼睛都在盯着他们,他们改了,下面就好办。"③江泽民同志指出:"现在,我们党在一个有十二亿六千万人口的大国中执政,要在复杂的国内外形势下带领全国各族人民推进艰巨的现代化事业,没有一大批德才兼备的领导干部,肯定是不行的。"④并提出了衡量党员干部的根本标准"三个代表"。胡锦涛同志实践"三个代表"重要思想,并确立"执政为民"的道德理想,他指出:"通过全党努力,使党始终成为立党为公、执政为民的执政党,成为科学执政、民主执政、依法执政的执政党,成为求真务实、开拓创新、勤政高效、清正廉洁的执政党。"⑤党的十八大以来,我

---

① 《毛泽东选集》(第二卷),人民出版社,1991年,第526页。

② 《毛泽东文集》(第七卷),人民出版社,1999年,第351页。

③ 《邓小平文选》(第二卷),人民出版社,1994年,第125页

④ 江泽民:《江泽民同志在全国党校工作会议上的讲话》(2000年6月9日),《人民日报海外版》,2000年7月17日。

⑤ 《中共中央关于加强党的执政能力建设的决定》,《人民日报》,2004年9月27日。

国反腐倡廉工作又提到了历史的新高度。习近平总书记说:"如果管党不力、治党不严,人民群众反映强烈的党内突出问题得不到解决,那我们党迟早会失去执政资格,不可避免被历史淘汰。这决不是危言耸听。"①强调"打铁还需自身硬",开展群众路线教育活动,开展"做焦裕禄式的县委书记"等一系列改善干部思想作风、提高干部道德水平的实践活动,要求干部用"照镜子、正衣冠、洗洗澡、治治病"等方法时刻加强自我修养。可以看出,在新的历史时期,面对全面深化改革的艰巨任务,中国共产党更加重视以干部道德建设工作引领执政能力建设,努力开创凝心聚力、直击积弊、扶正祛邪的新局面。

4.用人导向:对全面深化改革中以德为先人才风向标的实现

"为政之要,莫先于用人。"这样的"人",必是德才兼备。在2008年的全国组织工作会议上,胡锦涛同志第一次提出"以德为先"的用人导向。同年,习近平进一步阐释了"德才兼备、以德为先"的用人标准,他指出:"什么样的人该用,什么样的人重用,都要把德放在首位。"②2009年,党的十七届四中全会正式确立了"坚持德才兼备、以德为先用人标准"的重大命题,并通过《中共中央关于加强和改进新形势下党的建设若干重大问题的决定》,强调指出"把干部的德放在首要位置,是保持马克思主义执政党先进性和纯洁性的根本要求和重要保证,选拔任用干部既要看才、更要看德,把政治上靠得住、工作上有本事、作风上过得硬、人民群众信得过的干部选拔上来"③。2011年,在庆祝中国共产党成立90周年大会上,胡锦涛提出要:"形成以德

---

① 中共中央宣传部编:《习近平总书记系列重要讲话读本》,学习出版社、人民出版社,2014年,第157页。
② 《以改革创新精神加强党的建设和组织工作 为保持经济平稳较快发展提供坚强保证》,《人民日报》,2008年12月28日。
③ 《中共中央关于加强和改进新形势下党的建设若干重大问题的决定》,人民出版社,2009年,第20页。

修身、以德服众、以德领才、以德润才、德才兼备的用人导向。"①"德才兼备、以德为先"选人用人方针的确定,强调了中国共产党对干部道德能力的重视,更是全面深化改革对干部道德的必然要求。2013 年 6 月,习近平总书记提出好干部的五条标准:信念坚定、为民服务、勤政务实、敢于担当、清正廉洁②,这是新时期干部的道德要求。总之,"以德为先"用人导向的发展、运用,是我国干部道德建设工作的重要依据;对干部道德能力的再三强调与重视,体现了全面深化改革的内在要求。全面深化改革时期,中国共产党必须持续加强干部道德建设,重视干部道德品行、提高干部道德水平,落实"以德为先"的用人标准,打造一支德才兼备的干部队伍,才能有信心、有勇气领导全面深化改革伟大事业。

二、干部道德建设是实现全面从严治党的基础

干部道德建设不仅在全面深化改革背景下有其特殊地位与作用,更是全面推进从严治党的基础,主要表现在以下几个方面:

干部道德建设为全面推进从严治党提供道德支持。全面从严治党是以德治党与依规治党相结合的,干部道德建设以"干部道德"为建设对象,旨在提高干部队伍的整体道德水平,为全面从严治党提供必需的道德支持,主要体现在以下两个方面:首先,以德治党要求干部是道德品质的标杆。全面从严治党中的以德治党传承我国历来强调的"以德治国",要求领导干部率先垂范,用德去引导人、带领人。2014 年 5 月,习近平总书记在河南考察时指

---

① 胡锦涛:《在庆祝中国共产党成立 90 周年大会上的讲话》(2011 年 7 月 1 日),《人民日报》,2011 年 7 月 2 日。

② 《建设一支宏大高素质干部队伍 确保党始终成为坚强领导核心》,《人民日报》,2013 年 6 月 30 日。

出："面对纷繁复杂的社会现实，党员干部特别是领导干部务必把加强道德修养作为十分重要的人生必修课，以严格标准加强自律、接受他律，努力以道德的力量去赢得人心、赢得事业成就。各级党组织要加强对党员干部的教育、管理、监督，用好选人用人考德这根杠杆，引导党员干部堂堂正正做人、老老实实干事、清清白白为官。"①因此，加强干部道德建设，要求干部重品行、做表率，是推进从严治党下以德治党的最佳方式。其次，依规治党要求干部要保有底线道德。依规治党就是要求干部成为遵纪守法的模范。所谓"无规矩不成方圆"，邓小平说过："国要有国法，党要有党规党法。"②严明的党纪党规是从严治党的重要武器。然而党规党纪的体系再健全、再完备，最终还是要落在"人"身上。面对利益诱惑，有底线意识的人能不为所动，而缺乏这种道德意识的人则极容易以身试法。正所谓"法能刑人而不能使人廉"，法律需要道德的维护才能真正发挥作用。也就是说，依规治党下底线道德意识的培育尤其重要。总之，干部道德建设为全面推进从严治党提供必不可少的道德支持。

干部道德建设调节全面推进从严治党中的复杂利益关系。道德一直是调节利益关系的重要手段。中国共产党事业处在全面深化改革的关键时期，为取得改革任务的顺利完成，走过改革的"深水区"，不得不触动干部群体中原先的利益"奶酪"。道德历来作为调节各种利益关系的手段，在全面从严治党与全面深化改革的大动作中，必然要发挥它的最大优势，为新时期的治党、治国贡献力量。目前，中国共产党在全面从严治党战略下开展了一系列干部教育活动与实践，将反腐败斗争与廉政建设、思想作风建设等紧密结合，从"动真格"的硬动作到精神引领的综合治理，这些都大大地纯净了干

---

① 《深化改革发挥优势创新思路统筹兼顾 确保经济持续健康发展社会和谐稳定》，《人民日报》，2014 年 5 月 11 日，第 1 版。

② 《邓小平文选》（第二卷），人民出版社，1994 年，第 147 页。

部队伍的肌体,并且在干部队伍中引起了不小的动静,帮助干部重新树立正确的世界观、人生观、价值观,从而形成健康的权力观以为民执政。总之,利益可以说是影响人与人交往关系的核心因素,在全面推进从严治党的这一利益重构过程中,少不了因"利益"变动而引发的矛盾、冲突,这些矛盾与冲突如果没有良好的道德进行"润滑"与调节,必然会危害党的事业。干部道德建设作为一项促进干部道德提升的综合工程,在加强干部信念与理想教育,提高干部道德品质的过程中,为全面从严治党下产生的复杂利益关系提供强大的道德调控手段,保证稳定、合理的利益格局。

干部道德建设为全面推进从严治党提供群众基础。在传统社会,由于官员在本质上是为统治阶层服务的,官员与百姓的利益并不一致,所以吏民矛盾一直客观存在。我国是社会主义社会,中国共产党作为无产阶级执政党,与人民利益根本一致,本质上应该不存在干群矛盾。然而,现实中人民当家作主的权力是交由一批干部来掌管执行的,在代理人的存在与权力特性下,也会产生新的干群矛盾,如一部分干部利用手中职权与民争利的直接利益冲突,干部队伍中仍然存在的消极作风,如官僚之风、享乐之风、贪腐之风、奢靡之风等。古人云,"政者,正也;子帅以正,孰敢不正?"(《论语·颜渊》),"若安天下,必先正其身,未有身正而影曲,上治而下乱者"《贞观政要·君道》)。当下干群矛盾的加剧,最根本的原因仍然是民众对领导干部层出不穷的腐败、贪污不满,干部的道德形象受到破坏。习近平总书记曾指出:"领导干部的一言一行、一举一动,群众都会看在眼里、记在心上。干部心系群众、埋头苦干,群众就会赞许你、拥护你、追随你;干部不务实事、骄奢淫逸,群众就会痛恨你、反对你、疏远你。"①领导干部的一言一行总是受到群

---

① 中共中央文献研究室编:《论群众路线:重要论述摘编》,中央文献出版社、党建读物出版社,2013年,第133页。

众最大的关注,尤其是在道德形象上。如果群众对干部的德行不满意,就极易影响到对整个干部的各方面能力的肯定,更加损害干部在人民心目中的形象。因此,在全面推进从严治党的过程中,必须特别重视加强干部道德建设,塑造良好的干部道德形象,为全面从严治党打下最好的群众基础。

第四节　全面深化改革下干部道德建设的新表现

一、全面深化改革下干部道德建设的新内容

作为社会上层建筑的干部道德建设,其内容会随着社会经济的发展而发生变化。新的时期,在全面深化改革下新的经济关系上,干部道德建设的新内容包括理论与实践两个层面:

(一)理论层面

首先是新的干部道德标准、要求,主要分为公德与私德。社会存在的变化要求社会意识随之相应变化。目前我国处于全面深化改革的新时期,社会发展在一个新的历史节点上,社会矛盾与利益关系都呈现新的特征,旧的、过时的干部道德建设内容要被时代所淘汰,新的、进步的干部道德建设内容应适时发展。从目前的理论来看,新的干部道德建设内容涵盖了公德与私德两个方面。

干部的公德主要是指干部的公众地位与职业角色所涵盖的道德内容,包括政治品质、职业道德与社会品德。

干部的政治品质主要是指干部必须具备坚定的政治信仰与政治理想,它是干部道德体系的核心,是其他道德内容、道德要求的前提与基础。江泽

民同志曾多次强调,"领导干部一定要讲政治",否则就有可能出现"本事越大、危害越大"的情况,迷失政治方向甚至牺牲政治生命。全面深化改革的新时期,干部的政治品质集中体现在"对马克思主义的信仰,对社会主义和共产主义的信念"[①]。习近平总书记指出:"我们一些同志之所以理想渺茫、信仰动摇,根本的就是历史唯物主义观点不牢固。要教育引导广大党员、干部把践行中国特色社会主义共同理想和坚定共产主义远大理想统一起来,做到虔诚而执着、至信而深厚。有了坚定的理想信念,站位就高了,眼界就宽了,心胸就开阔了,就能坚持正确政治方向,在胜利和顺境时不骄傲、不急躁,在困难和逆境时不消沉、不动摇,经受住各种风险和困难考验,自觉抵御各种腐朽思想的侵蚀,永葆共产党人政治本色。"[②]全面深化改革背景下,干部道德建设必须以坚定"对马克思主义的信仰,对社会主义和共产主义的信念"[③]的道德内容为核心,以科学马克思主义理论为指导,在坚定的政治信仰与政治理想下迎接改革开放带来的各种考验,解除干部队伍中存在的精神懈怠、能力不足、脱离群众与消极腐败"四大危险"。

职业道德。一般来说,职业道德作为社会最基本的道德之一,是指从事一定职业的人在职业活动中应当遵循的符合本职业特征的道德要求与行为准则。干部也是一种职业,即专事领导或管理之责的职业,因此它也有自己的职业道德。并且,干部的职业道德比其他一般职业道德要求更高,在处理个人、集体与社会三者关系中,尤为强调社会、集体的利益,更少考虑个人得失,这是由它与公共权力相联系的本质特征所决定的。早在 1986 年发布的

---

① 中共中央文献研究室编:《论群众路线:重要论述摘编》,党建读物出版社、中央文献出版社,2013 年,第 121 页。

② 中共中央文献研究室编:《论群众路线:重要论述摘编》,党建读物出版社、中央文献出版社,2013 年,第 129~130 页。

③ 中共中央文献研究室编:《论群众路线:重要论述摘编》,党建读物出版社、中央文献出版社,2013 年,第 121 页。

《中共中央关于社会主义精神文明建设指导方针的决议》中，就强调首先要加强党和国家机关干部的职业道德建设，要求公正廉洁、忠诚积极、全心全意为人民服务等。我国建设特色社会主义，要求领导干部为民服务，以"人民公仆"为本质，用手中的权力为人民谋福利而非一己私利，这些体现在职业道德上的根本就是全心全意为人民服务，要求务实、清廉。在全面深化改革时期，习近平总书记指出："领导干部是人民的公仆，必须始终牢记宗旨、牢记责任，自觉把权力行使的过程作为为人民服务的过程"[①]；"实干兴国、空谈误邦"，"务实"是一切从实际出发，以实事求是的态度去做人、做事、做工作，不来半点虚假、用行动说话。人民群众是最讲实惠的，就像法国著名历史学家、社会学家托克维尔曾讲过的，民众对于政治远没有一条高速公路是否经过自家门前感兴趣。所以，"各级领导干部要坚持为民务实清廉，切实转变工作作风，做到讲实话、干实事"[②]，要在干部道德建设的内容中反对一切形式主义、浮夸之风，提倡干部们务必求真务实、脚踏实地地为人民群众办实事。自古以来，"清廉"就集中体现了老百姓对官员的期望。在全面深化改革的今天，面对市场经济的高度发展，各种物质的诱惑更多，"清廉"更加是对干部们的道德考验，守得住清贫的人，才经得住诱惑、做一个洁身自好的干部。当前我国反腐败的任务依然艰巨，腐败余量的存在、新腐败的不断发生，更加凸显了"清廉"在当下干部道德建设中的重要性。习近平总书记强调说，"各级领导干部特别是高级干部要自觉遵守廉政准则，既严于律己，又加强对亲属和身边工作人员的教育和约束，决不允许以权谋私，决不

---

①　中共中央文献研究室编：《论群众路线：重要论述摘编》，党建读物出版社、中央文献出版社，2013年，第127页。

②　中共中央文献研究室编：《论群众路线：重要论述摘编》，党建读物出版社、中央文献出版社，2013年，第127页。

允许搞特权"①,努力达到"干部清正、政府清廉、政治清明"②,永远保持共产党人清正廉洁的政治本色。

社会品德,主要是指人们在公共生活领域中所应遵循的道德行为准则。人们在社会交往过程中形成的公共活动领域范围极为广阔,在经济高度发展的今天,人们的交往更为密切,公共生活领域对人们的影响更为深远。干部的社会公德首先体现在干部的一言一行对整个社会公德极具示范性。就像邓小平同志早就指出的,"人民群众对干部总是要听其言,观其行的"。干部的特殊地位决定了其公共形象十分重要,是普通百姓关注的焦点也是学习、模仿的对象,很大程度地影响着整个社会的道德发展状况。如果干部群体有正确的善恶观、是非观,富于正义感与同情心,那么这种正面、积极的道德观念会得到更大程度的传播,一个有利于道德发展的氛围就更容易建立起来。其次干部的社会公德体现在自身也担负着公德的部分。"个人自扫门前雪,哪管他人瓦上霜",我国传统的道德观一直把私德高高凌驾于公德之上,导致公德在我国的发展一直受限。可以说,现代社会的稳定发展很大程度上依赖于社会公共生活的稳定与和谐,而社会品德就是为了维护公共生活的秩序而存在的,它是人们在公共生活领域中需要共同遵守的社会道德。因此,推动干部群体社会品德的提高,对于整个社会的公德意识形成有极大帮助。

私德是相对于公德而言的,强调干部个人层面的道德认识、道德观念、道德行为等,主要是包括干部的婚姻家庭道德、休闲道德及私人交往等各个方面。我国自古以来就有"修身、齐家、治国、平天下"的传统,官员在私德中

---

① 习近平:《紧紧围绕坚持和发展中国特色社会主义学习宣传贯彻党的十八大精神》,《人民日报》,2012年11月19日。

② 中共中央纪律检查委员会、中共中央文献研究室:《习近平关于党风廉政建设和反腐败斗争论述摘编》,中央文献出版社、中国方正出版社,2015年,第138页。

的表现也与官员形象紧密联系在一起,这种观念延续至今,人们总是津津乐道于官员干部们的私生活,痛恨"台上是人,台下是鬼"的那些干部。可以说,私德是干部道德内容中不容忽视的重要部分。

家庭美德,即公民在家庭生活中处理夫妻、长幼、邻里之间的关系时应该遵循的基本行为准则,包括尊老爱幼、男女平等、夫妻和睦、邻里和谐等。古人云,"家之不行,国难得安""家和国昌盛",家庭是社会最重要的基本单位,家庭是否和谐关系着整个社会的稳定发展。在封建社会时期,官员的家庭美德主要表现在"重家教","所谓治国必先齐其家者,其家不可教,而能教人者,无之"(《大学》)。家庭教育也是官员实现其自身价值的重要场所,各种"家训""家诫""家规""家礼""治家格言"非常之多,有一些还被视为经典流传至今,对现代家庭德育发展起着深远影响,如清代官员曾国藩的《家书》。现在在干部道德建设中强调干部的家庭美德,预防各类腐败问题从家庭产生,如"夫妻店""父子兵""全家齐上阵"等滥用公权、以权谋私的行为在以往的贪腐案例中是非常多见的,还有是干部体现在家庭道德上的形象极大地关联着整体道德形象。在我国"家天下""家国同构"的传统观念下,干部表现在家庭方面的道德能力在干部道德构成中占据非常重要的地位,是干部道德建设的重要组成。毛泽东同志曾说:"要孝敬父母,连父母都不肯孝敬的人,还能为别人服务吗? 当然不会。"[1]这样的干部,更加难以在群众面前树立威信、取信于民。

休闲道德。休闲是人处于职业活动以及规范的学习活动之外的活动状态。[2] 官员干部们在休闲时期表现出来的道德状况,既是他们最真实的道德面貌之一,又影响着干部整体道德面貌的形成、发展。胡锦涛同志曾提出,

---

① 权延赤:《红墙内外——毛泽东生活实录》,昆仑出版社,1989 年,第 29 页。

② 张梦义、喻承久:《官德论》,武汉理工大学出版社,2006 年,第 311 页。

"要培养健康的生活情趣,保持高尚的生活追求,明辨是非,克己慎行,正确选择个人爱好,提高文化素养,摆脱低级趣味,决不能沉溺于灯红酒绿、流连于声色犬马"。我们的领导干部,是在普通群众中脱颖而出的社会精英,是由群众推选、得到群众信赖的"人民公仆",必然也有较高的文化休闲修养,该做的做,该去的去,不该做、不能去的坚决不做不去。

私人交往道德。私人交往一般来说是指超出工作关系之外的亲密关系。私交的道德内容是围绕结交什么样的人、应当怎样去结交而形成的。"谈笑有鸿儒,往来无白丁"(《陋室铭》),这就体现了一种淡泊名利的交往观。所谓近朱者赤,近墨者黑,交友偏好与原则反映了人们自身的道德素质。干部们要形成正确的私人交往道德观,结交志同道合、肝胆相照的真朋友。此外,"君子之交淡如水",干部之间交往不能以财富、地位、权势论朋友,而要讲究心相印、气相同,并且要做到公私分明,这样才能建立有益身心、有利于工作的人际圈子。但是,现在就是否把干部的私德作为对德的考核内容之一,或者说该如何去考核成为两难。如湖南邵阳,在干部提拔公示期间,要求干部的家长与配偶分别介绍其家庭道德方面的表现,方式包括出具家庭道德鉴定书,给予优秀、合格与不合格的等级评价等。这种考评一度引起了社会热议,反对与支持的声音都有。这说明私德虽是人们认可的干部道德内容之一,但到底应该考核哪些具体内容、在何种范围、以何种形式去考核,则需要作进一步研究。

其他与实践相结合的道德理论建设。以各个学科为背景知识,对干部道德建设这项综合性工程进行研究、启发并探讨解决问题的方式,它们是针对现实需要而产生的理论体系,着眼于实际问题的解决,比如哲学思维在道德研究中的运用、人性思考对道德建设的启发、道德心理学的运用、公共行政理论视角下的干部道德建构等。干部道德建设的实践性理论旨在为推进实践发展而服务,是非常重要、综合性的理论体系,具有极大的现实指导意义。

（二）实践层面

干部道德建设内容体现在实践层面上主要概括为以下几方面：

1．干部道德伦理规范建设

干部道德伦理规范建设是指国家或执政阶层把人们在生活实践中积累下来的，体现干部群体品格、习惯、意志等非正式的道德要求进行归纳、总结并形成经验，同时又根据人们公认的一些干部道德共识，结合具体的时代要求，制定并颁布政治色彩浓厚且具有一定强制作用的制度化了的、一系列成文的干部道德伦理条例、条令、守则等，它们组成了干部的主要道德要求。党的十八大以来，党中央高度重视党员干部的道德规范建设工作。例如，为进一步促进党员领导干部廉洁从政，2010 年 1 月 18 日，中共中央颁布了《中国共产党党员领导干部廉洁从政若干准则》，围绕禁止"利用职权和职务上的影响谋取不正当利益"等 8 个方面对党员领导干部提出了 52 个"不准"，规范并完善了相应的实施与监督制度，成为一部规范党员领导干部廉洁从政行为的基础性法规。2012 年 11 月 14 日，党中央通过新修改的《中国共产党章程》。2012 年 12 月 4 日，中共中央政治局通过《十八届中央政治局关于改进工作作风、密切联系群众的八项规定》，推动深入、持续的干部作风建设。2013 年 11 月 18 日，为了进一步弘扬艰苦奋斗、勤俭节约的优良作风，推进党政机关厉行节约、反对浪费，建设节约型机关，中共中央根据法律法规和中央有关规定，制定并颁布了《党政机关厉行节约反对浪费条例》。2015 年 10 月 18 日，根据党中央部署，《廉政准则》修改为《中国共产党廉洁自律准则》，成为中国共产党执政以来第一部坚持正面倡导、面向全体党员的、规范全党廉洁自律工作的重要基础性法规，是对党章规定的具体化，以适应从严治党新的实践需要，推进党风廉政建设与反腐败斗争的持续进行，为党员领导干部树立了一个看得见、够得着的高标准,展现了共产党人的高尚道德追求并永葆党的先进性与纯洁性。它包括向全党提出"四个必须"和"八条规范"。党员廉洁自律规范:坚持公私分明、先公后私、克己奉公,坚持崇廉拒腐、清白做人、干净做事,坚持尚俭戒奢、艰苦朴素、勤俭节约,坚持吃苦在前、享受在后、甘于奉献。党员领导干部廉洁自律规范:廉洁从政,自觉保持人民公仆本色;廉洁用权,自觉维护人民根本利益;廉洁修身,自觉提升思想道德境界;廉洁齐家,自觉带头树立良好家风。这些党内的法规、条令、纪律,坚持正面倡导、针砭时弊,提出党员、党员干部努力践行的道德标准,让干部们知道什么可以做、什么不可以做,提供正确的道德认知以指导、规范他们的道德行为与道德实践活动。此外,这些党内纪律甚至严于法律,体现了中国共产党严于治党的高标准,对干部行为形成最大约束力,是中国共产党发出的道德宣示和向人民群众作出的庄严承诺。

2. 干部道德法制建设

干部道德建设不仅需要制定伦理规范,还需要道德法律建设、道德制度建设的同步完善,也就是行政伦理的法制化建设。它一般是通过法定程序把行政伦理规范上升到法律的高度,以法典和法律条文等形式固定下来,从而使行政伦理具备与法律同等的地位与权威、影响力等。行政伦理法的内容来源于最基础的、已经形成共识的行政伦理观,行政人员一旦违反了行政伦理法,就不只是受到道德层面的谴责,而是要受到法律层面上的行政处罚,甚至从公务员干部队伍中清除出去,更严重的违法犯罪者将移交至司法部门处理。行政伦理法的执行、实施最好是由相对应的、专门的、独立的伦理机构负责,像美国就有专门的伦理办公室。在我国,行政法制化一直在进行,但过程较为艰辛与缓慢。新中国成立以来,我国相继颁布了《中华人民共和国宪法》《国务院关于国家行政机关工作人员的奖惩暂行规定》《中华人民共和国刑法》,对贪污罪、贿赂罪、挪用救灾救济款罪、泄露国家机密罪、玩忽职守罪、徇私舞弊罪等腐败犯罪及其处罚都作了明确的规定,为惩治腐败犯罪提供有力的法律武器。尤其是极具针对性的《中华人民共和国公务员法》,它以法律的形式规定了公务员的行为规则,明确了9项义务和16项不得违犯的纪律,健全了考核、惩戒、辞退、领导干部的引咎辞职和责令辞职等多种制度,对领导职务和一些工作性质特殊的非领导职务实行有计划的定期转任,设立专门防范为政不廉的回避制度以及公务员辞职或退休后一定时期内的从业限制制度等,是我国干部道德法制建设现阶段相当重要的成果。然而,受传统伦理政治的影响,我国现存干部道德法制建设还存在一些缺陷与不足,需要加大力气进一步的完善。比如《宪法》在预防和惩治腐败方面,对国家工作人员道德水准等方面未作规定,仅提出"反对官僚主义";行政伦理法律化的中间层次法律规范不足、《公务员法》中部分规定相对简单、笼统等。在全面依法治国的今天,干部道德法制建设工作显得紧要而急迫。

3. 干部道德(伦理)机制体系

主要包括道德养成、道德奖惩、道德考评、道德选择、道德监督等一系列机制体系,内容丰富、广泛。"道德原则的约束力的增强,是通过将它们转化为法律规则而实现的。"①干部道德各个机制的发展完善与有效运行,是道德要求、道德规范能否化作道德主体的实践,道德法律能否生效的关键。比如道德养成机制,包括促进道德个体的自我省察与修身并结合外部的道德文化氛围熏陶等,遵循道德养成的规律去帮助道德行为的发生、道德品质的形成。道德监督机制一直被认为是我国干部道德建设中较为薄弱的部分,现存监督机构包括各个层级的和直接来自人民的,形成的监管力量尚未达到预期。原因包括监督主体较多却关系不清、力量分散、有些监督机构力量不

---

① [美]博登海默:《法理学:法哲学及其方法》,邓正来译,华夏出版社,1987年,第361页。

够、形同虚设、监督过程不充分等,这就导致了监督机制力量的大大削弱。同时,更为根本的问题是,我国一部分干部并不把被监督用权当作理所当然之事,缺乏"公仆意识",这种错误的观念使得监督工作困难重重。干部道德考评机制是依靠一些指标、分数、等级概念等对领导干部的德进行考核、评价的一系列工作,是推进干部道德建设有实质性发展的重要机制。近年来,由现实需求推动的对干部道德能力的考核、评价成为热点,也发展较快。"以评促改、以评促建",科学的干部道德考评机制对提升干部的道德能力发挥着巨大的积极作用。道德奖惩机制是由一定机构或单位根据制定的道德规范,对违背或遵循道德的一种扬善抑恶的机制。目前,对有良好道德行为的嘉奖形式一般是给予"模范"、先进个人等称号,并同时给予一些物质、精神上的奖励;对违背道德的干部则一般给予警告、严重警告、处分、降职等不同等级的处罚,也还包括物质上的惩罚。干部道德奖惩机制是直接与干部利益挂钩的内容,它极大地关系着人们对道德的选择,是干部道德建设内容中不容忽视的部分。

4.干部道德教育实践活动

主要围绕理想信念、道德操守、廉洁为官、党纪法纪等内容,通过对干部道德的宣传、教育与实施等途径,以个体或集体的社会活动形式表现出来的帮助干部道德发展的活动。黑格尔指出:"为了使大公无私、奉公守法及温和敦厚成为一种习惯,就需要进行直接的伦理教育和思想教育。"[①]这里所说的"伦理教育和思想教育"主要就是指道德教育。虽然道德行为不可能光依靠道德教育就能达成,但不可否认的是,道德行为的形成特别需要道德教育的参与。对于干部道德建设来说,干部道德教育实践活动就显得尤为重要。目前,中国共产党干部道德教育实践活动存在一些问题,包括干部道德教育

---

① [德]黑格尔:《法哲学原理》,范扬、张企泰译,商务印书馆,1961年,第314页。

与文化教育的融合工作显得不足，让干部道德教育欠缺深度、干部道德教育工作缺乏影响力、感染力，造成"上热下凉"的现象、干部道德教育形式主义仍然存在，作秀与炒作难以让教育沉淀，还有干部对上级组织的道德宣传与教育等实践活动表现出漠视、不感兴趣或不待见的态度，出现认知上的偏差，往往"讲起来重要、做起来次要、忙起来不要"。这样的现状对干部道德建设工作非常不利，是我们要在干部道德教育过程中极力避免与克服的难题。近年来，党自上而下开展了许多干部道德教育的实践活动，如"群众路线""三严三实"，通过一系列有针对性的、层次性的、对象性的讲座、谈话、实地考察参观等形式，大大净化了干部队伍的思想，提升了干部队伍道德能力。比如向道德模范学习的活动形式，通过实实在在的榜样教育，让干部切实感受到人民干部的魅力，增强为人民服务的理想信念。可以说，教育是基础，干部道德教育的各种实践活动帮助干部更深刻地体会、理解道德规范的内容，激发内在的道德趋向力，是干部道德建设的治本之策。

二、全面深化改革下干部道德建设的新特征

全面深化改革时期，中国共产党干部道德建设主要有紧迫性与严峻性、长期性与复杂性、变更性与稳定性、敏感性与脆弱性、批判性与导向性、道德性与政治性等特征。

（一）紧迫性与严峻性

全面深化改革形势下的干部道德建设工作是一项紧迫的任务。全面深化改革是新的历史条件下党带领全国各族人民进行的新的伟大革命，是决定我国命运的关键战略。全面深化改革能否顺利开展，关键在于执政党是否有坚强的能力领导好这场改革的大仗。"全面深化改革必须加强和改善

党的领导,充分发挥党总揽全局、协调各方的领导核心作用"①,"确保党的领导水平和执政能力,确保改革取得成功"②。在 2014 年之后,我国改革的步伐明显加快,2020 年全国脱贫攻坚任务全面完成,2021 年全面建成小康社会的目标完成。全面深化改革的部署,正化为新一轮改革声势夺人的大潮,也召唤着作为领导核心的中国共产党加紧建设自身的大计,干部道德建设需求已经十分紧迫,亟待加强。与此同时,我国现在的改革已经进入深水区,改革的任务十分繁重,不是一朝一夕更不是一个人或某几个部门可以简单完成的。作为能帮助提升全面深化改革战略执政党领导能力的干部道德建设工作,也面临着一些突出的矛盾问题:"一些干部得过且过,一些基层组织软弱涣散,不能发挥模范带头作用和战斗堡垒作用。一些党员干部作风问题比较突出,有的严重脱离群众,对群众疾苦漠然视之,甚至欺压群众、侵害群众利益;形式主义、官僚主义问题较为普遍地存在,奢侈浪费现象严重。一些领域消极腐败现象易发多发,不仅大案要案时有发生、令人触目惊心,而且发生在群众身边的腐败现象较多存在。"③可以看出,新时期我国干部道德建设工作面临的形势十分严峻,必须要拿出巨大的勇气与坚定的决心,以积极主动的姿态全面铺开干部道德建设的各项工作,从新的道德规范到体制、制度上的改善,努力推动新时期工作的各项突破。

(二)长期性与复杂性

改革开放是我国的战略法宝,没有改革开放,就没有中国的今天,更没

---

① 中共中央文献研究室编:《习近平关于全面深化改革论述摘编》,中央文献出版社,2014 年,第 57 页。

② 中共中央文献研究室编:《习近平关于全面深化改革论述摘编》,中央文献出版社,2014 年,第 57 页。

③ 中共中央宣传部编:《习近平总书记系列重要讲话读本》,学习出版社、人民出版社,2014 年,第 158 页。

有中国的明天。邓小平在 20 世纪 80 年代就曾经说过："改革的意义,是为下一个十年和下世纪的前五十年奠定良好的持续发展的基础。没有改革就没有今后的持续发展。所以,改革不只是看三年五年,而是要看二十年,要看下世纪的前五十年。这件事必须坚决干下去。"①也就是说,改革开放是一项长期的、艰巨的、繁重的事业,必须一代又一代人将它接力下去,即"改革开放只有进行时、没有完成时"。现在党作出全面深化改革的决定,就是在新的历史时期继续将改革开放的路子走下去,这是必须长期坚持下去的中国式发展道路。那么,在改革的持续深化过程中,对于领导干部的领导水平与执政能力来说更是一种长期的考验,干部道德建设工作必须与全面深化改革同步,坚持长抓不懈、持续推进。同时,我国的全面深化改革又是一场攻坚战,面临的改革任务极其繁重,包括坚持和完善基本经济制度、加快完善现代市场体系、加快转变政府职能、深化财税体制改革、健全城乡发展一体化体制机制、构建开放型经济新体制、加强社会主义民主政治制度建设、推进法治中国建设、强化权力运行制约和监督体系、推进文化体制机制创新、推进社会事业改革创新、创新社会治理体制、加快生态文明制度建设、深化国防和军队改革、加强和改善党对全面深化改革的领导等 16 项艰巨的内容。由于改革开放越往纵深发展,发展过程中的问题以及产生的新问题、社会关系中的一般矛盾和深层次矛盾、有待完成的改革任务和新的任务越是交织叠加、错综复杂、难以开解,全面深化改革必然是根"难啃的硬骨头",这就是改革之难。改革之难大大加深了干部道德建设的难度,改革下的复杂局势同样使得干部道德建设变得复杂,我们必须清醒地认识到干部道德建设在全面深化改革下的长期性与复杂性。

---

① 《邓小平文选》(第三卷),人民出版社,1993 年,第 131 页。

（三）变更性与稳定性

干部道德建设是社会意识的重要部分,属于上层建筑。所以,干部道德建设不是永恒不变的,它会随着社会生产力的发展、经济水平的变化而发生相应变化,在每个时代都会被赋予具体的时代内容。我国提出全面深化改革战略,就是基于现实国情的变化与经济基础的发展需要。同时,在整个全面深化改革的过程中,社会、经济、文化等各个方面也会有各种变化与发展,社会整体环境都在发生相应变化。这些对我国的干部道德建设也提出了相应的现实需求。否则,僵化的、一成不变的干部道德建设将不能适应改革发展的战略。但是,干部道德建设又必须有相对的稳定性,这不仅归因于道德建设本身的特征,还在于改革时期对于社会整体稳定性的必然要求。"随着改革不断推进,对利益关系的触及将越来越深,对此也要有足够思想准备。对改革进程中已经出现和可能出现的问题,困难要一个一个克服,问题要一个一个解决,既敢于出招又善于应招,做到'蹄疾而步稳'","改革是循序渐近的工作,既要敢于突破,又要一步一个脚印、稳扎稳打向前走,积小胜为大胜,不能违背规律一哄而上。"改革开放所需的稳定性也要求相应的干部道德建设不能是急功近利的,要一步一步地稳步进行。干部道德建设中的举措不能随意更改,建设进程也不能随意中断,要稳定持续地推进干部队伍道德建设。

（四）敏感性与脆弱性

2013 年 11 月 12 日,习近平总书记在党的十八届三中全会第二次全体会议上的讲话中指出,"经过三十五年不断改革,很多容易改的问题已经得到有效解决,留下来的大都是比较难啃的硬骨头,甚至是牵动全局的敏感问题和重大问题"①,在 2014 年 2 月 17 日的省部级主要领导干部学习贯彻党的十八届三中全会精神全面深化改革专题研讨班上的讲话中又强调改革"难免触动一些人的'奶酪',碰到各种复杂关系的羁绊,不可能皆大欢喜"②。也就是说,此时的改革相比三十几年前的改革难度更大,敏感程度、复杂程度更大。现在国内外形势依旧严峻,国际上西方势力仍然没有放弃对我们的各种打压、渗透。我国虽然已经成为"中等收入国家",但也面临陷入"中等收入国家陷阱"的危险,同时全面深化改革的各项举措都极大地考验着执政党的领导能力。如果没有一支德才兼备的干部队伍,或是稍有理想信念上的不坚定,便会导致改革事业遭受挫败,甚至有亡党亡国的危险。也就是说,全面深化改革背景下的干部的道德品质将比以往任何一个时期都敏感、受到极大关注,它影响着改革进入"深水区"后的平衡与稳定。因此必须要加强干部道德建设,让党员干部坚定共产主义理想与信念,用马克思主义理论武装自己,在全面深化改革的过程中坚定信念、毫不动摇。与此同时,改革的进一步深化必然会触及深层次的利益关系,十分复杂。当前,社会上对改革既存在畏难情绪,也有浮躁的心态,各项改革举措之间的关联性、耦合性需要努力做到眼前和长远相统筹、全局和局部相配套、渐进和突破相衔接,协调、调动各方利益以突破利益固化的藩篱,最大限度减少改革的阻力,这无不要求作为带领人的中国共产党汇聚一切力量,仔细、谨慎地筹谋好每一个步骤,顺利推进改革、准确推进改革、有序推进改革、协调推进改革。一旦在改革的关键时期出现道德败坏的现象,干部的号召力与公信力将大大下降,严重时将激化干群矛盾,直接危害中国共产党执政党的合法

---

　　① 中共中央文献研究室:《习近平关于全面深化改革论述摘编》,中央文献出版社,2014 年,第 141 页。

　　② 中共中央文献研究室:《习近平关于全面深化改革论述摘编》,中央文献出版社,2014 年,第 152 页。

地位,更不用说领导改革顺利进行了。因此,全面深化改革下的干部道德建设既敏感又脆弱,必须慎重对待。

（五）批判性与导向性

干部道德建设的内容是先进的道德文化,它批判一切落后的、不入流的、腐朽的思想观念,是一种被大力提倡的主流的、正确的道德观念。比如干部道德建设中的"三观",包括人生观、价值观、世界观,它们指引着人们整个生命活动的走向,更直接影响每个人对行为的认识、判断与选择。中国共产党一直注重对党员干部的"三观教育"。自改革开放以来,随着社会财富的增加,社会利益出现分化,社会诱惑开始增多,一些腐朽的思想观念在人群中流行起来,少数干部开始动摇信念,是非标准异化,价值取向出现偏差,并滋生出拜金主义、享乐主义、利己主义等不良思想倾向。可以说,干部队伍中出现的一些这样那样的问题,都体现出干部道德修养存在问题。因此,首先大力倡导干部提升道德修养,要求以良好的道德修养批判并拒绝外部世界的腐朽思想与作风,为全面深化改革的事业保驾护航。其次,良好的干部道德氛围为全社会的道德建设作有益的向导。正确的道德认知在干部队伍中传播、实践的过程中,能打击、破坏腐朽的思想观念,形成巨大的社会舆论与心理压力,引导积极的、正确的、健康的道德氛围,为全面深化改革下全社会的道德建设作出最有利的引导。

（六）道德性与政治性

干部道德建设作为社会整体道德建设的核心、首要部分,为全面深化改革提供最强大的道德调控手段。《中共中央关于全面深化改革若干重大问题的决定》中明确提出总目标之一就是要加快发展"先进文化""和谐社会"等。"先进文化"与"和谐社会"在干部道德建设工作上所体现出来的就是先进的官德文化与风清气正的政治氛围,这些要求干部道德能发挥着调节干部之间、干群之间复杂利益关系的功效。同时,干部道德建设又极具政治性。它是中国共产党加强执政党建设的重要内容,为全面深化改革提供一个纯净的干部队伍,以此保障改革的顺利进行,所以它已经达到治国理政的层次,具有强烈的政治色彩。不仅官员干部的道德水平关系着执政阶层的兴衰荣辱,而且干部道德本身具有政治内容,它的道德要求紧密围绕于它的政治身份,是极具政治性的,体现了党的执政要求从而才能保障执政党的合法地位。因此,全面深化改革下加强干部道德建设,极具道德性与政治性。

三、全面深化改革下干部道德建设的新目标

社会存在决定社会意识,在新的时期干部道德建设有新的目标。主要从道德主体与客体环境两方面来分析。

(一)从道德主体层面上的主要目标

1.培养具有理想信念的干部

理想,一般是指人们对未来的美好设想与追求;信念则是人们在追求理想过程中坚定不移的态度,以及为理想努力奋斗的热情、意志力与决心。社会主义社会的干部必须坚定共产主义理想信念。现在全世界都关注着中国的发展,资本主义发达国家也从未放弃过对我们施加意识形态的压力、进行各种腐朽思想观念的输出。"坚定理想信念,坚守共产党人精神追求,始终是共产党人安身立命的根本。对马克思主义的信仰,对社会主义和共产主

义的信念,是共产党人的政治灵魂,是共产党人经受住任何考验的精神支柱。"①面对全面深化改革的艰巨历史任务,干部道德建设的首要目标就是打造理想信念坚定的干部群体,因为"理想的动摇,是最危险的动摇;信念的滑坡,是最致命的滑坡"②,"现实生活中,一些党员、干部出这样那样的问题,说到底是信仰迷茫、精神迷失"③。习近平总书记指出,理想信念就是共产党人精神上的"钙",没有理想信念或者理想信念不坚定,精神上就会"缺钙",就会得"软骨病",就可能"政治上变质、经济上贪婪、道德上堕落、生活上腐化"④。全面深化改革战略下,作为其具体引领者、执行者、贯彻者,党员干部必须首先要求坚定共产主义理想与中国特色社会主义信念,做一名具有理想信念的干部,才能保障改革事业的正确方向。

2. 培养具有责任意识的干部

责任是最基础的道德范畴,"因为任何一种生活,无论是公共的还是私人的,事业的还是家庭的,所作所为只关系到个人的还是牵涉他人的,都不可能没有其道德责任;因为生活中一切有德之事均由履行这种责任而出,而一切无行之事皆因忽视这种责任所致"⑤。干部道德的核心内容是政治责任意识,它围绕"权力"二字展开,表现在"权为何谋"和"如何用权"上。社会主义社会的干部,手中的权力是人民赋予的,应"取之于民,用之于民",因此干部的道德责任意识首先体现在"权为民谋"。同时,官员干部要正确使用手中的权力,要意识到为人民谋福利的政治责任,不允许滥用权力来满足个

---

① 中共中央文献研究室编:《论群众路线:重要论述摘编》,党建读物出版社、中央文献出版社,2013 年,第 121 页。

② 李成武主编:《官德:领导干部的道德领导力》,人民出版社,2012 年,第 10 页。

③ 习近平:《紧紧围绕坚持和发展中国特色社会主义学习宣传贯彻党的十八大精神》,《人民日报》,2012 年 11 月 19 日。

④ 中共中央宣传部编:《习近平总书记系列重要讲话读本》,学习出版社、人民出版社,2014 年,第 159 页。

⑤ [古罗马]西塞罗:《论老年 论友谊 论责任》,徐奕春译,商务印书馆,1998 年,第 91 页。

人私欲。弗雷德里克·莫舍曾说:"在公共行政和私人部门,行政的所有词汇中,责任一词是最重要的。"①干部的责任意识时刻提醒他们"权为所何",在执行公务时尽职尽责、从人民的根本利益出发。现在我国改革面临的任务十分艰巨,从现代市场经济体系的完善到法治中国、民主政治体制的进一步推进、各种关乎国计民生的方针政策制定等都需要作为社会精英的干部群体贡献政治智慧、献策献计,具体的政策执行与落实也需要各级干部去推动,不等待、不观望,主动思考、敢于承担责任,这样的干部队伍才能做好全面深化改革时代里的领路人。古人云,"为官避事平生耻"。致力于公共事业的干部,必须有强烈的责任意识,才能主动防抑权力的腐化堕落,在改革开放的大事业里做一个有担当的人民公仆。

3. 培养具有公仆意识的干部

社会主义社会坚持执政为民,干部始终代表人民利益,以"全心全意为人民服务"为宗旨,实现了官民利益在根本上的一致。人民公仆是社会主义国家政权性质的根本体现,区别于以往一切官德,是社会主义社会对干部的根本要求。全面深化改革"坚持以促进社会公平正义、增进人民福祉为出发点和落脚点"②,"使改革发展成果更多惠及全体人民"③。它是一项代表人民的根本发展要求、改善民生的大战略,"甘当公仆""当好公仆"就是这个战略发展下干部最重要的价值追求。作为人民公仆的干部,在执行政策、落实决策过程中珍惜权力、爱护权力并运用权力为人民服务,执政为民、以民为本,不搞特权、以权谋私、贪图享乐,深受人民百姓的真心拥护与喜爱,以良

①　[美]特里·L.库珀:《行政伦理学:实现行政责任的途径》,张秀琴译,中国人民大学出版社,2001年,第65~66页。
②　中共中央宣传部编:《习近平总书记系列重要讲话读本》,学习出版社、人民出版社,2014年,第45页。
③　中共中央宣传部编:《习近平总书记系列重要讲话读本》,学习出版社、人民出版社,2014年,第45页。

好的群众基础调动社会一切积极因素投入改革。习近平总书记提出，"领导干部是人民的公仆，必须始终牢记宗旨、牢记责任，自觉把权力行使的过程作为为人民服务的过程，自觉接受人民监督，做到为民用权、公正用权、依法用权、廉洁用权"①，"我们要与人民心心相印、与人民同甘共苦、与人民团结奋斗"②。现在党内上下贯彻群众路线，提倡"做焦裕禄式的县委书记"，学习这位人民好干部"生为人民而生，死为人民而死"的价值追求，学习他始终心中有民、造福群众的实践准则，这都是党培养干部公仆意识的生动模范教育。全面深化改革是一件需要举国上下一起完成的汇聚共识、凝聚党心民心的大事业，它能够顺利开展、层层推进，啃掉"难啃的硬骨头"，离不开更多焦裕禄式的人民好干部，树立公仆意识，"先天下之忧而忧，后天下之乐而乐"，全心全意推动改革的车轮。

4.培养具有公正意识的干部

社会主义干部道德的价值支柱是"为民"，而"公正"则是为民之德的集中体现。我国自古就有"公天下"的思想，如"大道之行也，天下为公"，"公生明，偏生暗"（《荀子·不苟》），"以公灭私，民其允怀"（《尚书》）等，公平处事、公正不阿、秉公执法、大公无私、奉公廉洁等一直是官德的主要规范。现代社会，"公正"又整合了民主政治中的内涵，作为一种永恒的政治价值观念，在我国干部道德建设中主要体现为三个方面③：首先它是一种社会伦理价值意识，代表人们对正义精神的追求。公平、正义一直是伦理道德哲学中的内核，它"比太阳还要有光辉"④，吸引着一代代人孜孜不倦地为之奋斗。

① 中共中央文献研究室编：《论群众路线：重要论述摘编》，党建读物出版社、中央文献出版社，2013年，第125页。
② 中共中央文献研究室编：《论群众路线：重要论述摘编》，党建读物出版社、中央文献出版社，2013年，第127页。
③ 李建华：《官员的道德》，北京大学出版社，2012年，第77~89页。
④ 《温家宝答中外记者问》，《人民日报》，2010年3月15日。

在实际生活中,它的实质内容所反映的是人自身的社会地位和利益关系,主要表现在权利与义务关系、利益分配关系及公平与效率的关系,这些关系极大地影响着干部在执行公务时的处事原则。其次它是代表着公共利益,政府官员在权能上要求维护正义、秉公执法、公私分明。"官无大小,凡事只有一个公。"(《朱子语类》)官员干部要是失去了公正,那就等于丢掉了为官之本;要是公私不分、以权谋私,那便打开了腐败之门。最后它对干部的个人道德修养提出要求:刚正不阿、正直正派。"矩不正不可以为方,规不正不可以为圆。身者,事之规矩也,未闻枉己而能正人者也。"(《淮南子·诠言训》)干部们将公正的品质放在个人道德修养上,就是要说真话、办实事、主持公道并且不被邪恶势力所屈服,始终做到公正不阿。现阶段,不仅在市场经济高速发展的阶段需要更加强调公平、公正,而且在我国建立现代化的国家治理体系目标中,政治体制改革中的公平观念、法治中国建设中的"人人平等"意识都是一种必然的诉求。全面深化改革就是这样一个以为全体人民争取更多公平正义为目标的时代战略,干部必须率先具备公正意识,才能将公正的种子传播到每一个角落。

5.培养具有廉洁意识的干部

"廉者,政之本也。"(《晏子春秋·内篇杂下》)自古以来,"居官首重惟清",廉洁是人民群众对官员干部最重要的道德要求;廉洁也是维系政权兴衰存亡的生命线,所谓"吏不廉平,则治道衰"(《汉书·宣帝纪》),历史上的吏治一直都强调"以廉为本"。廉洁无论从国家政治的角度还是官员个人道德修养的角度,在我国历史上都是备受推崇的。现在我国确立了社会主义制度,以马克思主义思想为科学指导,干部作为人民的代表仍然强调廉洁品质的具备。马克思早在总结巴黎公社经验时就已经指出:"公社实现了所有资产阶级革命都提出的廉洁政府这一口号。"[1]廉洁同样是马克思要求的政府追求的目标,是干部开展政治生活的道德准则。现在我国改革开放已经进行了四十多年,社会物质财富极大丰富起来的同时,"廉洁"观念受到各种享乐主义、拜金主义、奢靡之风等腐朽思想的极大冲击,各种物质上的诱惑扑面而来,让一些干部难以抵抗,产生难以"廉洁"的错觉。习近平总书记曾指出:"近年来我们党内发生的严重违纪违法案件,性质非常恶劣,政治影响极坏,令人触目惊心。各级党委要旗帜鲜明地反对腐败,更加科学有效地防治腐败,做到干部清正、政府清廉、政治清明,永葆共产党人清正廉洁的政治本色。"[2]正所谓"公生明,廉生威",没有廉洁作保障的官场必然滋生腐败,这是人民最痛恨的事情,是激发干群矛盾最直接的因素。廉洁就是官场最好的洗涤剂,"各级领导干部要始终保持高尚的精神追求和道德情操,坚持严于律己、清正廉洁,老老实实做人、干干净净做事,时刻警惕权力、金钱、美色的诱惑,坚决同一切腐败行为作斗争,用实际行动推进反腐倡廉建设,真正做到为民、务实、清廉"[3]。廉洁作为一种道德约束力量,让干部自觉抵挡诱惑、克制贪婪、拒绝腐败,干干净净、清清爽爽地为国家和人民服务,从而一身正气、无所畏惧,并且逐渐在整个官场形成一股浩然正气,培养出一批批廉洁自爱的干部,保障了党的纯洁性、先进性,全面助力全面深化改革向前推进。

6. 培养具有民主意识的干部

民主,一般是指民主政治中的一种政治理念,是主权在民的政治精神,以确保多数人的利益和政治权利为根本目的。随着社会的发展,民主的含

---

① 《马克思恩格斯选集》(第三卷),人民出版社,1995 年,第 58 页。

② 中共中央文献研究室编:《论群众路线:重要论述摘编》,党建读物出版社、中央文献出版社,2013 年,第 122 页。

③ 胡锦涛:《在全党深入学习实践科学发展观活动总结大会上的讲话》,人民出版社,2010 年,第 23 页。

义已经扩展到社会的各个领域,它可以"广义地理解为各种各样的生活领域中自由而平等的关系的原理"①,"涉及从日常生活到生产、分配、政治、教育、文化的广泛的社会一切范围的东西"②。也就是说,现阶段的民主已经远远超出政治领域的范畴,成为涵盖面极广的伦理道德范畴。我国一直有建设民主富强国家的发展目标,全面深化改革战略里更是把"加强社会主义民主政治制度建设"作为重要一环,要求"提高民主执政水平并加强民主集中制建设"。因此,干部的民主意识首先体现在要从政治领域出发深刻理解我国的民主进程,在改革中推进我国成为走向现代化的社会主义民主国家。其次,民主深刻的道德内涵与其表现出来的道德关系,在干部的民主意识培养中尤为重要。民主的道德内涵是"对别人自主权的尊重"③,它包括四点要义"人格独立、平等、自由、宽容"④。人格独立是强调每个人人格的独立、完整与相互尊重;平等是一种公正意识,也是强调彼此的尊重,没有平等也就没有人格的独立;自由强调的是自由意志的表达,干部们没有权力去要求或勉强人民群众做他们不愿意做的事情;宽容是民主的实践品质,有民主精神的社会必然是一个更加宽容的社会,同样地,具备民主意识的干部必然拥有一颗允许百姓表达心声的宽容胸怀。因此,一个有民主意识的干部,是平等待人、没有官僚作风的,不谀上、不屈从、不随众,尊重民意并能容纳异己的好干部。同时,民主所体现的一种道德关系,在干部道德中表现为道德原则,是干部在处理问题时表现出来的正确的善恶观念、心理习惯等。现在我国进行全面深化改革,在建设社会主义民主政治上的任务尤为艰巨,这不仅是由于我国专制历史太长、民主政治的发展一直处于滞后状态,更重要的是我

①　[日]岩崎允主编:《人的尊严、价值及自我实现》,刘奔译,当代中国出版社,1993年,第67页。
②　[日]岩崎允主编:《人的尊严、价值及自我实现》,刘奔译,当代中国出版社,1993年,第155页。
③　李建华:《官员的道德》,北京大学出版社,2012年,第46页。
④　李建华:《官员的道德》,北京大学出版社,2012年,第47页。

国国民民主意识的根本欠缺,民主的要求未能发展成为人民大众的真正需求,从而导致了民主进程的一再受阻。这一情况反映在干群关系中便是一些官员横行霸道、枉顾百姓,老百姓把官员奉为"老爷"并屈从献媚、百般讨好,主从、主仆现象仍然存在。所以,要想在改革中真正加强民主建设,推动民主在中国的发展,首先必须在干部道德建设中强调民主的重要性,培养具有民主意识的人民干部,让民主的氛围自上而下营造起来,真正推动民主政治的发展。

7. 培养具有诚信意识的干部

诚实守信是每一个公民的最基本道德之一,是维系社会稳定、和谐发展的基础。就个体而言,人与人之间的交往越来越密切,如果一个人在他人心目中已经失去诚信,可想而知,他亦不会获得他人的诚心相待,人际关系就会出现问题,进而很难立足于社会;同样地,当一个社会缺乏诚信,人与人之间没有办法建立信任的关系,反而充斥着怀疑、打量、不可靠,那么焦躁、失落、痛苦等各种负面情绪将蜂拥而至,严重影响社会的稳定发展。因此,有学者就把"诚信守真"①作为 21 世纪伦理精神之一。对于手握公权、代表人民利益的干部群体,是否"诚信"必然是衡量其德行的重要标准之一,他们的诚信主要表现在善于处理公共利益与私人利益的关系,廉洁奉公而非以权谋私;有公仆意识,清醒地认识到公权力为民的职责;有业务能力且积极作为,尽职完成工作;在工作中不弄虚作假,做到求真务实等。总之,诚信是干部最基本的道德要求之一。一个弄虚作假、失信于民的干部,不仅严重破坏

---

① 李建华:《官员的道德》,北京大学出版社,2012 年,第 125 ~ 126 页。书中指出,21 世纪较之20 世纪的新变化,可粗略概括为如下方面:由对自然资源的疯狂开发与掠夺转变为人类的自我节制,自觉回归于自然怀抱;由社会关系的两极对立变为承认差异性基础上的高度亲和;由唯技术主义和经济主义的短期行为转变为以人文主义为本体的对人类的终极关怀;由价值理性取代工具理性。基于这样一种变化,21 世纪伦理精神具有如下要义:第一,坚持一种非暴力与尊重生命的文化。第二,推行一种友好、公正的生活秩序。第三,倡导一种诚信守真的道德精神。第四,饱含一种平等宽容的心态。

官德形象、造成干群关系的破裂，而且在整个社会道德环境中起了一个极坏的道德示范作用。因此，在面临全面深化改革这样的大任之际，干部必须培养起诚信意识，诚信为官、诚信做人，以一种诚实守真的精神带领全国人民解决改革的困难、矛盾，营造一个诚实守信的良好氛围，从而形成稳定、和谐的改革大环境。

8. 培养具有法律意识的干部

推进法治中国建设是全面深化改革中的重要篇章，《中共中央关于全面深化改革若干重大问题的决定》明确提出："建设法治中国，必须坚持依法治国、依法执政、依法行政共同推进，坚持法治国家、法治政府、法治社会一体建设。"①法律精神，是现代文明国家的倡导观念；依法治国，是中国改革开放必须坚持的基本方略。现在我国改革已经进入深水区与攻坚期，社会呈现的矛盾增多、维稳任务艰巨，法治力量作为一种刚性手段，与道德力量相结合能更好地统筹社会各界、平衡利益关系、规范社会行为，规范和引领全面深化改革的全局发展，让改革朝着既生机勃勃又井然有序的方向前行。一方面，我党的干部队伍是全面依法治国的引领者，其独特的地位决定他们是全面建成法治社会的少数关键；另一方面，从我国长期以来的干部道德建设实践来看，"以德倡德"不及"德法并举"对提高干部道德水平的效用，坚持法律手段与道德手段的双管齐下是更好的方式。因此，要培养具有法律意识的干部，并着力提高干部的法治思维和依法办事的能力。"法治思维是一种规则思维、程序思维，它以严守规则为基本要求，强调法律的底线不能逾越、法律的红线不能触碰，凡事必须在既定的程序及法定权限内运行。"②依法办事要求对干部手中的权力有所限定，是守护法律、维护宪法与法律权威的职

---

① 《中共中央关于全面深化改革若干重大问题的决定》，人民出版社，2013年，第31~32页。
② 《党的十八届四中全会（决定）学习辅导百问》，党建读物出版社、学习出版社，2014年，第183页。

责意识。干部要做学法守法、知法用法的表率,不仅要学习履行职责所需的各类法律知识,充分理解法的原则、原理,领会法的价值、精神,还要在领导和推进全面深化改革的法治中国建设进程中,加强法治的实践锻炼,以保障改革的稳定大局。总之,要推动全面深化改革战略,实现改革于法有据与依法治国,就必须培养一批有法治意识的干部队伍,大力弘扬法治精神,以一种坚守法治的定力、厉行法治的意志、践行法治的能力,为法治中国建设赢得出路。

(二)客体环境层面上的主要目标

第一,干部道德建设为全面深化改革提供有执政境界的领导干部队伍。全面深化改革是在改革进行到一定阶段,面临一系列新的复杂矛盾与艰巨挑战,并要解决前一次改革未能解决好的历史难题从而党中央依据现实需要作出的大战略。然而,全面深化改革能否真正为我国带来新的生命力,冲破历史发展的关卡,与执政阶层的执政能力与领导水平极为有关。一般说来,执政阶层的执政能力与领导水平是一种改造客观世界的能力,这种能力是否具备或有效发挥取决于执政境界的高低好坏。"所谓执政境界,是标志执政者精神完美与否以及完美程度的范畴,亦即包含执政者的道德水平在内的对宇宙人生理解水平的范畴,它通过执政者的从政动机、权力观、政绩观所支配的执政行为表现出来。"[①]可以看出,执政境界的重要组件就是干部道德。也就是说,干部道德水平的好坏决定着执政境界的高低。面临新时期新任务,中国共产党更加重视加强自身建设,坚持党要管党、从严治党。同时,要练就"金刚不坏之身",抵抗思想懈怠的危险、拒绝消极腐败的危险,就必须给自己添加精气神,坚持谦虚谨慎、艰苦奋斗、求真务实,反对形式主

① 张梦义、喻承久:《官德论》,武汉理工大学出版社,2006 年,第 15 页。

义、官僚主义、享乐主义。以官德支撑的执政境界,是执政阶层的精神标志,更是"打铁还需自身硬"的实践需求。干部们精神饱满、斗志昂扬、坚强有力,事业才能兴旺发达、国家才能繁荣稳定、人民才能幸福安康。就像习近平总书记提出争做"信念坚定、为民服务、勤政务实、敢于担当、清正廉洁"①的好干部,新时期的干部道德建设要以提供更高执政境界的干部队伍为主体目标。

第二,干部道德建设助力全面深化改革时期市场经济的持续发展。干部道德作为一种社会意识,它由经济基础决定又独立于经济基础并起着巨大的反作用。这种反作用,恩格斯曾讲述得非常清楚:"第一,一切政治权力先都是以某种经济的、社会的职能为基础的,随着社会成员由于原始公社的瓦解而变为私人生产者,因而和社会公共职能的执行者更加疏远,这种权力不断得到加强;第二,政治权力在社会独立起来以后,可以朝两个方向起作用:或者按照合乎规律的经济发展的精神和方向去起作用,在这种情况下,它和经济发展之间没有任何冲突,经济发展加快速度;或者违反经济发展而起作用,在这种情况下,除去少数例外,它照例总是在经济发展的压力下陷于崩溃。"②可以看出,一个国家的干部道德水平极大地影响着这个国家的走向,推动或阻碍着它的经济发展水平。就像有学者曾指出的,干部道德包括两个部分——"经济道德"与"从政道德"。现在我国正处于市场经济发展时期,干部手中的权力支配着相当程度的市场资源、市场分配等,如果他们的"经济道德"水平较差,不讲诚信、弄虚作假、假公济私,就会扰乱正常的市场秩序,包括破坏平等交换原则与市场的竞争环境,从而导致市场经济活动不能正常运转,市场经济发展受阻。同时,如果干部队伍的"从政道德"较差,

_____

① 《建设一支宏大高素质干部队伍,确保党始终成为坚强领导核心》,《人民日报》,2013年6月30日。

② 《马克思恩格斯选集》(第三卷),人民出版社,1995年,第526页。

将使贪官横行、腐化成风,导致干群关系紧张从而影响社会稳定,可想而知,这样恶劣的经济发展环境会带来怎样的经济后果。"官员的善,是一种权力造福社会的善,官员的恶,是一种权力压迫社会的恶,权力或为善或为恶,都是最高级的。"[1]官员干部以它特殊的地位对国家的经济发展起着重要的作用和反作用。因此,全面深化改革下的干部道德建设要以助力市场经济的持续发展为目标,为国家的发展不断增强经济基础。

第三,干部道德建设持续引领新时期精神文明建设。一方面,干部道德建设将为整个社会提供最先进的道德文化。自古以来,干部道德建设的内容代表了最先进的道德文化,是精神文明建设的显著标志。比如古时有强调官员奉献精神的"国而忘家,公而忘私""先天下之忧而忧,后天下之乐而乐",有注重为官气节的"威武不能屈""富贵不能淫""贫贱不能移"(《孟子·滕文公下》),还有积累沉淀下来的具体官德规范包括"公、仁、清、慎、勤、忠、孝、信、节、直"等,这些都是当时先进文化的代表,不仅是官员的德行标准,更是全社会都崇尚的道德文化。现在中国共产党要求立党为公、执政为民,提出为民、忠诚、务实、公正、清廉、自律等干部道德要求,这些内容也是我国现阶段先进文化的集中体现,是精神文明建设的显著标志。另一方面,干部道德建设是精神文明建设的率先部分,担任推动整个精神文明发展的重任。干部在整个精神文明建设中担负着领导、组织、宣传、教育、执行等重大角色,他们的特殊地位决定了其道德建设是社会整体道德建设的首要与核心。"君子之德风,小人之德草。草上之风,必偃"(《论语·颜渊》),就非常形象地揭示了官德在社会其他道德群体中的影响力。在一个自上而下的治理模式中,干部道德建设理应成为精神文明建设的率先部分。所谓上行下效,他们必须以身作则地建设好自身的道德素质,以此完成推动整个精

---

① 张梦义、喻承久:《官德论》,武汉理工大学出版社,2006年,第95页。

神文明发展的重任。由此可见,在全面深化改革的过程中,干部道德建设必须走在社会整体道德建设的前列,全力提升干部队伍道德水平,让干部道德建设的积极成果成为新时代精神文明的显著成果,为持续引领整个精神文明建设而努力。

第四,干部道德建设为全面深化改革的时代提供深厚的群众基础。马克思早就说过,人民群众才是历史真正的创造者、推动者,"历史活动是群众的事业,随着历史活动的深入,必将是群众队伍的扩大"①。"水可载舟亦可覆舟",人类历史上的朝代更替,是"得民心者得天下"的最佳事实证明。那么,如何赢得民心,自然就成了历届统治阶层努力的方向。古人云,"皇天无亲,惟德是辅;民心无常,惟惠之怀""道德不厚者,不可以使民",大力加强统治阶层的官德建设,是获取民心最重要的方式。中国共产党自建党以来,深刻认识人民群众的历史地位,时刻注意加强自身建设,强调与人民群众保持血肉联系、人民群众是历史的英雄,这是中国共产党能一直保持合法执政地位、成为领导中国大事业的重要法宝。现在,习近平总书记一再强调:"检验我们一切工作的成效,最终都要看人民是否真正得到了实惠,人民生活是否真正得到了改善,这是坚持立党为公、执政为民的本质要求,是党和人民事业不断发展的重要保证。"②并且他认为:"要坚持党的群众路线,坚持人民主体地位,时刻把群众安危冷暖放在心上,及时准确了解群众所思、所盼、所忧、所急,把群众工作做实、做深、做细、做透。要正确处理最广大人民根本利益、现阶段群众共同利益、不同群体利益的关系,切实把人民利益维护好、实现好、发展好。要认真贯彻落实中央各项惠民政策,把好事办好、实事办

---

① 《马克思恩格斯文集》(第一卷),人民出版社,1990年,第287页。

② 习近平:《全面贯彻落实党的十八大精神要突出抓好六个方面工作》(2012年11月15日),《求是》,2013年第1期。

实,让群众时刻感受到党和政府的关怀。"①同时在党员、干部中开展群众路线教育活动,加强干部与群众的血肉联系,赢得更多民心。然而,干部队伍中仍有部分干部有精神懈怠的情况,"四风"等消极腐败现象屡禁不止,脱离群众、与民争利的情况时有发生,这对于完成全面改革开放的艰巨任务来说是极为不利的。因此,必须始终不断加强干部道德建设,提高干部队伍的道德威信,不断争取人民群众的信任和拥护,从而相信群众、依靠群众,发挥人民群众的最大力量,调动一切积极因素,团结各族人民、万众一心,为全面深化改革的新时代提供最强大的群众力量、最深厚的群众基础。

第五,干部道德建设为全面深化改革时代的复杂矛盾、利益关系提供良好的道德调控支持。全面深化改革的时代就是要解决发展瓶颈中的一系列矛盾、困难,其中包括突破利益的藩篱、协调好新的社会利益关系,以创造一个有利于改革的和谐、稳定的局面。自我国改革开放以来,绝大部分人民已经摆脱了贫困,尤其是一部分人、一部分地区、某些领域率先富裕起来,社会主义的蛋糕已经做得很大。同时,社会整体的贫富差距也在不断扩大,社会两极分化严重,仇富、仇官现象不断增多,社会面临的不稳定因素不断增加。全面深化改革战略的提出,就是进入改革的深水区,打破各种利益固化的症结,重新获得社会发展的动力。如此艰巨的时代任务,要求改革的领导者必须拿出勇气与智慧,并以自身利益关系为突破口,打破一些既定的却不合理的利益分配,让社会生产要素更多流动,注入更多公正、公平等,使改革成果惠及更多人,从而创造一个更加和谐、稳定的社会局面,推进全面深化改革的稳步前行。比如围绕干部自身展开的利益关系有很多:与自己处理好内心的各种矛盾、冲突,是本身内在既存的利益交织;与群体内领导、同级同事

---

① 习近平:《全面贯彻落实党的十八大精神要突出抓好六个方面工作》(2012 年 11 月 15 日),《求是》,2013 年第 1 期。

及下属之间的利益关系,是现在大多干部最受关注的利益关系;与民众是围绕如何用权而产生的利益关系,它直接面对服务对象,是干部最本质利益关系的集中体现。以干部自身为中心辐射开来的利益关系已非常广泛,对这些利益关系的合理疏导在很大程度上影响着整个社会的稳定。干部道德作为一种先进的道德规范体系,它将成为干部调节自身利益关系的最有效手段,不仅能帮助他们形成正确的利益观、价值观、权力观,而且在实践过程中能最有效地化解干群冲突,维护干部的道德权威。在干部道德水平得到提升之际,形成良好的道德氛围,给予社会的整体道德建设最积极的导向,强化了道德在整个社会运行中的调控作用,积极地调节着各种复杂利益关系,维护社会的稳定和谐。古人云,善禁者,先禁其身而后人。全面深化改革要冲破利益的藩篱、动一些既得利益者的"奶酪"、创造一个更为公正、正义的社会,就必须要求干部率先示范、以德示人,成为社会的道德风向标,以干部自身道德的提高来营造整个社会积极的道德氛围,提高道德在社会中的调控作用,为全面深化改革化解利益冲突,赢得改革发展所需的稳定和谐环境。

第三章 党在各个历史时期的干部道德建设情况及其历史经验

第一节 党在各个历史时期的干部道德建设情况

自 1921 年中国共产党成立以来,中国共产党就把马克思主义基本原理与中国革命、社会主义建设、改革等具体实践相结合,在马克思主义中国化进程中加强党的自身建设,重视提高领导干部道德能力,推动干部道德建设理论与实践的进一步发展。

一、新民主主义革命时期党的干部道德建设的理论与实践

早在新民主主义革命时期,中国共产党就已经认识到干部道德的重要性,依据建党初期、大革命时期、土地革命时期、抗日战争时期以及解放战争时期不同革命阶段的斗争需要,从实际出发,不断探索干部道德建设理论与实践的发展,为中国共产党不断取得革命胜利、最终发展成为成熟的执政党

提供政治保障。

（一）建党之初与大革命时期干部道德建设的理论与实践

在建党之初与大革命时期，干部的道德建设结合其他工作在自觉与不自觉之中有了初步发展，拉开了干部道德建设的序幕。

1. 不轻易吸收党员、严格入党要求

1921 年 7 月，中国共产党的第一个纲领提出"承认本党纲领和政策，并愿成为忠实党员"①"必须与企图反对本党纲领的党派和集团断绝一切联系"②等严格的入党要求，同时还规定了同样严格的接收手续，如"候补党员必须接受其所在地的委员会的考查，考查期限至少为两个月。考查期满后，经多数党员同意，始得被接收入党……"③等。在《广州共产党的报告》的"今后意见"中，强调"在工作开始时，我们不愿意轻率地吸收新党员"④。在党的第一次代表大会上也指出"为了把好的可靠的同志吸收进来，决定接受党员要特别谨慎，严格审查"⑤。强调严格吸收党员，关键就是要把牢党员干部的道德关卡。

2. 干部道德建设围绕革命任务展开

早在党的第一个纲领里就指出，"革命军队必须与无产阶级一起推翻资

---

① 《建党以来重要文献选编（一九二一——一九四九）》（第一册），中央文献出版社，2011 年，第 1 页。

② 《建党以来重要文献选编（一九二一——一九四九）》（第一册），中央文献出版社，2011 年，第 1~2 页。

③ 《建党以来重要文献选编（一九二一——一九四九）》（第一册），中央文献出版社，2011 年，第 2 页。

④ 《建党以来重要文献选编（一九二一——一九四九）》（第一册），中央文献出版社，2011 年，第 18 页。

⑤ 《建党以来重要文献选编（一九二一——一九四九）》（第一册），中央文献出版社，2011 年，第 24 页。

本家阶级的政权""消灭资本家私有制"①。在《中国共产党第二次全国代表大会宣言》中,又明确提出"中国共产党是中国无产阶级政党。他的目的是要组织无产阶级,用阶级斗争的手段,建立劳农专政的政治,铲除私有财产制度,渐次达到一个共产主义的社会"②。这一时期的党员干部道德要求围绕具体历史时期无产阶级革命的目标展开。同时,在大量的工农运动、爱国运动、反帝反封建斗争中锻造党员干部的道德品质。中国共产党成立之初的重要任务之一就是加强对工农运动的领导。随着工农运动的迅速发展以及其他各种爱国运动、革命斗争的此起彼伏,大量的实践斗争教育锻炼了党员,同时广泛宣传马克思主义、共产主义精神等,培育了工人阶级与农民中的先进分子,并在此过程中发展了党的早期的重要领导骨干,如陈独秀、李大钊、毛泽东、邓中夏、高君宇、张国焘、刘仁静、何孟雄、张太雷、罗章龙等。

3. 强调群众意识

在1922年的《关于共产党的组织章程决议案》中指出,"我们共产党……'应当是无产阶级中最有革命精神的群众组织起来为无产阶级之利益而奋斗的政党……'"③,要"'到群众中去'要组成一个大的'群众党'",不能忘记"党的一切运动都必须深入到广大的群众里面去"④,强调"我们的活动必须是不离开群众的"⑤。在《关于议会行动的决议案》中,指出"中国共产党为代表中国无产阶级及贫苦农人群众的利益而奋斗的先锋军……辩护无产阶

---

① 《建党以来重要文献选编(一九二一——一九四九)》(第一册),中央文献出版社,2011年,第1页。
② 《建党以来重要文献选编(一九二一——一九四九)》(第一册),中央文献出版社,2011年,第133页。
③ 《建党以来重要文献选编(一九二一——一九四九)》(第一册),中央文献出版社,2011年,第162页。
④ 《建党以来重要文献选编(一九二一——一九四九)》(第一册),中央文献出版社,2011年,第162页。
⑤ 《建党以来重要文献选编(一九二一——一九四九)》(第一册),中央文献出版社,2011年,第163页。

级和贫苦农人经济生活的利益,以反抗本国幼稚的资产阶级对于劳动者一切的压迫"①,并直接提出了"本党议员必须常常保持与群众的直接接触,每年必须到选举他的区域往返几次,召集选民开种种会议,演说政治、经济、国际等情形及访察群众的新要求。他们在议会中的演说稿,必须用一切工人、农人、妇孺都能懂解、能动听的文字常常汇印成小册子,散布于城市与乡村"②。同时,坚决严惩贪腐分子。党最早的反对贪污腐化的文献是1926年8月4日中共中央扩大会议发出的《关于坚决清洗贪污腐败分子的通告》,它指出:"一个革命的党若是容留这些分子在内,必定会使他的党陷于腐化,不仅不能执行革命的工作,且将为群众所厌弃。所以应该很坚决地清洗这些不良分子,和这些不良倾向奋斗,这样才能坚固我们的营垒,才能树立党在群众中的威望。"③并且大会通过决议之后要求各级党组织"迅速审查所属同志,如有此类行为者,务须不容情地洗刷出党,不可令留存党中,使党腐化,且败坏党在群众中的威望"④。这说明党在初期便高度重视党员队伍的纯洁度,坚决反对腐败,强调党员、党员干部的廉洁性品德。

4.纪律、制度保障与监督意识的初步探索

中国共产党成立之初,就在第一个党的纲领中强调中央执行委员会的监督之职。此后在多个文件与会议中均再三强调个人与组织接受监督的要求。例如,在《关于议会行动的决议案》中明确指出:"本党议员不受中央执行委员会监督或违犯中央执行委员会方针时立即撤销其议员资格,并开除

---

① 《建党以来重要文献选编(一九二一——一九四九)》(第一册),中央文献出版社,2011年,第148页。

② 《建党以来重要文献选编(一九二一——一九四九)》(第一册),中央文献出版社,2011年,第149页。

③ 中央纪委纪检监察研究所编:《中国共产党反腐倡廉文献选编》,中央文献出版社,2002年,第1页。

④ 中央纪委纪检监察研究所编:《中国共产党反腐倡廉文献选编》,中央文献出版社,2002年,第1~2页。

出党。"①1927 年 4 月,由党的第五次全国代表大会选举产生了中央监察委员会,这是党史上最早的、级别最高的党内监督机构。从监督意识的强调到监督机构的建立,干部道德建设有了初期的制度保障。与此同时,严明党内纪律强有力地约束党员干部言行。1922 年,《关于共产党的组织章程决议案》明确指出:"党的内部必须有适应于革命的组织与训练"②,认为"凡一个革命的党,若是缺少严密的集权的有纪律的组织与训练,那就只有革命的愿望便不能够有力量去做革命的运动"③,同时提出了一系列党内纪律原则,包括"要有集权精神与铁似的纪律,才免得安那其的状态""个个党员不应只是在言论上表示是共产主义者,重在行动上表现出来是共产主义者""个个党员须牺牲个人的感情意见及利益关系以拥护党的一致""无论何时何地个个党员的言论,必须是党的言论,个个党员的活动,必须是党的活动,不可有离党的个人的或地方的意味"④等,并在接下来制定的《中国共产党章程》中明确了党的纪律。

(二)土地革命时期干部道德建设的理论与实践

土地革命时期,是中国共产党领导的新民主主义革命发生重大转变的时期。这一时期,我国革命环境尤为艰辛、革命道路尤为曲折,开展武装斗争、开辟革命根据地是这一时期的主要革命任务,干部道德建设围绕这一革命任务进行艰难探索。

---

① 《建党以来重要文献选编(一九二一——一九四九)》(第一册),中共中央文献出版社,2011年,第 149 页。

② 《建党以来重要文献选编(一九二一——一九四九)》(第一册),中共中央文献出版社,2011年,第 162 页。

③ 《建党以来重要文献选编(一九二一——一九四九)》(第一册),中央文献出版社,2011 年,第162 页。

④ 《建党以来重要文献选编(一九二一——一九四九)》(第一册),中央文献出版社,2011 年,第162 ~ 163 页。

1.加强党内教育,克服非无产阶级的不良思想与作风

土地革命时期大量非无产阶级思想混进党的内部,滋生了不良作风,包括一些党员干部抱有升官发财与享乐主义观念、铺张浪费,甚至贪污腐化、以权谋私等。如有的干部在用人问题上,不是遵守原则与标准要求,"而是派别观念,感情关系,地方主义,往往许多来历不明的分子,可以由一个负责同志的'保荐'甚至不经任何手续,而随便拉到党的领导机关中来"①。党内存在的大量非无产阶级思想严重影响了党的自身建设,"不利于党的团结和革命的前途的,是有离开无产阶级革命立场的危险"②,因此要通过党内教育来克服这些不正确的思想。毛泽东同志指出:"红军党内最迫切的问题,要算是教育的问题。为了红军的健全与扩大,为了斗争任务之能够负荷,都要从党内教育做起。不提高党内政治水平,不肃清党内各种偏向,便决然不能健全并扩大红军,更不能负担重大的斗争任务。"③因此,古田会议之后,党通过内容丰富、形式多样的党内教育提高党员、干部的作风。如毛泽东同志的《中国的红色政权为什么能够存在》《井冈山的斗争》《星星之火,可以燎原》等文章,是对当时党内一度弥漫的悲观消极情绪最鼓励人心的理想信念教育,激起了党员干部的熊熊革命斗志。

2.克服教条主义与"左倾"错误思想,初步形成实事求是的思想路线

土地革命时期,党犯过三次"左"倾错误,包括瞿秋白的"左"倾盲动主义、李立三的"左"倾机会主义、王明的"左"倾教条主义,其中以王明的"左"倾教条主义错误危害最大。在同这些错误思想作斗争的过程中,党初步形成实事求是的思想路线。在著名的《反对本本主义》一文中,毛泽东同志明确提出:"马克思主义的'本本'是要学习的,但是必须同我国的实际情况相

---

① 《中共中央文件选集》(第7册),中共中央党校出版社,1991年,第340页。
② 《毛泽东文集》(第一卷),人民出版社,1993年,第74页。
③ 《毛泽东文集》(第一卷),人民出版社,1993年,第94页。

结合。我们需要'本本',但是一定要纠正脱离实际情况的本本主义。"①而纠正的方法就是作"调查"。"离开实际调查就要产生唯心的阶级估量和唯心的工作指导,那末,它的结果,不是机会主义,便是盲动主义"②,强调"没有调查,没有发言权"③。毛泽东同志还尖锐指出:"共产党的正确而不动摇的斗争策略,决不是少数人坐在房子里能够产生的,它是要在群众的斗争过程中才能产生的,这就是说要在实际经验中才能产生"④,"中国革命斗争的胜利要靠中国同志了解中国情况"⑤。毛泽东同志在《调查工作》中提出的这些宝贵思想被党中央所接受,标志着党的实事求是思想路线的初步形成,这也为干部道德建设工作奠定了科学的思想路线。

3. 关心人民群众、强调为人民服务的干部道德

毛泽东同志在 1934 年的中华苏维埃第二次全国代表大会上指出:"真正的铜墙铁壁是什么?是千百万真心实意地拥护革命的群众"⑥,强调党员干部必须"关心群众生活,注意工作方法"。因此,中华苏维埃共和国时期的干部大都真心实意地关心群众、帮助群众、服务群众,树立了良好的"人民公仆"形象,为百姓所称道。就如当时一首广为传诵的革命历史歌谣:"苏区干部好作风,自带干粮去办公,日着草鞋干革命,夜走山路访贫农。"⑦党员干部们用他们"一切以人民的根本利益出发"的一言一行,在群众心目中树立了最好的公仆形象。

---

① 《毛泽东选集》(第一卷),人民出版社,1991 年,第 111~112 页。
② 《毛泽东选集》(第一卷),人民出版社,1991 年,第 112 页。
③ 《毛泽东选集》(第一卷),人民出版社,1991 年,第 109 页。
④ 《毛泽东选集》(第一卷),人民出版社,1991 年,第 115 页。
⑤ 《毛泽东选集》(第一卷),人民出版社,1991 年,第 115 页。
⑥ 《毛泽东选集》(一卷本),人民出版社,1964 年,第 125 页。
⑦ 中共中央党史研究室:《中国共产党历史第一卷(1921—1949)》上册,中共党史出版社,2011 年,第 368 页。

4.加强廉政的法律法规建设与党内监督机制建设

土地革命时期,针对根据地建设过程中出现的党员干部贪污腐败行为,党加强了廉政的法律法规建设,总计达 120 多部,包括《中华苏维埃共和国宪法大纲》《中央执行委员会二十六号训令——关于惩治贪污浪费行为》《中华苏维埃共和国惩治反革命条例》等。如 1933 年 12 月 15 日发布的《中央执行委员会二十六号训令——关于惩治贪污浪费行为》,明确规定了"苏维埃机关,国营企业及公共团体的工作人员利用自己地位贪污公款以图私利者"①具体金额上的处罚,贪污公款达 500 元以上就处以死刑。除了严厉的法律法规,党还加强这一时期的监督机制,包括重建专门的监督机构、重视人民群众的监督并强化各种舆论监督等一系列机制建设。如充分利用各类报纸刊物对腐败现象进行揭露,如《红色中华》《红星》《斗争》《青年实话》等。当时担任中央党报委员会书记的张闻天曾在文章中指出:"我们的报纸是革命的报纸,是工农民主专政的报纸,是阶级斗争的有力的武器,我们对于一切损害革命利益、损害苏维埃政权的官僚主义者,贪污腐化分子,浪费者,反革命异己分子,破坏国家生产的怠工工人等,必须给予最无情的揭发与打击。"②从法制建设到监督机制的完善,大大纯净了党的干部队伍,为干部道德建设创造良好的政治环境。

总之,土地革命十年时间,从井冈山革命根据地及其他革命根据地斗争到中华苏维埃政权的建立,党从幼年逐渐走向成熟,干部道德建设工作也在这一过程中得到了自身的发展。

---

① 中央纪委纪检监察研究所编:《中国共产党反腐倡廉文献选编》,中央文献出版社,2002 年,第 10 页。

② 《关于我们的报纸》,《斗争》第 38 期,1933 年 12 月 1 日。

（三）抗日战争时期干部道德建设的理论与实践

抗日战争经历延安整风运动及国共合作抗日等，围绕这一历史时期的革命任务，中国共产党深刻认识到党员、党员干部素质能力的重要性，结合具体的实践需求，再一次丰富了党的建设理论与实践，培育了一大批优秀的共产党员与领导骨干，促进了干部道德建设工作的进一步发展，为赢取抗日战争胜利提供了坚强的保障。

1. 进一步深化党群、干群关系的认识，明确提出群众路线

1937 年在《关于白区的党与群众工作》中，刘少奇同志就指出今后工作的目标与方针是"要使我党变成伟大群众的党，要使千百万群众团结到党的周围"①，"必须正确建立党与群众的关系，正确组织公开工作与秘密工作的联系，学习在各种环境下领导群众的艺术"②，并提出如何建立党与群众关系的要求，如"我们的党员能够了解群众，能够牺牲自己，最忠实的为群众的利益而斗争，能够说服群众，能够在长期的斗争中证明我们同志的主张正确。……必须我们经过长期艰苦而争取群众的工作过程，才能达到"。在1939 年的《中共中央关于深入群众工作的决定》，也深刻分析了"必须进一步依靠群众，必须深入群众工作"③的重要性与必要性。毛泽东同志也在此期间屡次提出党的根本政治路线是群众路线，认为我们党与其他任何政党区别的一个显著标志就是共产党人与最广大的人民群众取得最密切的联系。

---

① 《建党以来重要文献选编（一九二一——一九四九）》（第十四册），中央文献出版社，2011 年，第 232 页。

② 《建党以来重要文献选编（一九二一——一九四九）》（第十四册），中央文献出版社，2011 年，第 237 页。

③ 《建党以来重要文献选编（一九二一——一九四九）》（第十六册），中央文献出版社，2011 年，第 736 页。

2.扩大党内民主,强调干部道德中的民主修养

刘少奇同志曾指出:"真正的民主精神,与共产主义大公无私的道德是不能分离的。"①因此,一些自高自大、风头主义、个人英雄主义等自私自利的行为是与民主精神相背离的,要坚决反对干部队伍中存在的这些与民主精神相背离的行为作风。之后,刘少奇又进一步指出:"扩大党内民主,首先就要我们的干部在精神上有民主的修养,在形式上作模范,然后才能在同志中群众中进行民主的训练。"将民主的精神与修养明确加入干部道德的内容,并以扩大党内民主的形式,培育干部道德的民主修养。

3.重视干部政策,加强干部问题建设

这一时期强调"干部问题是党内的中心问题"②。"一切工作,一切转变,都依靠我们的干部"③,十分重视干部工作。1938 年,陈云同志在《论干部政策》中强调了干部政策的重要性,并且围绕四个问题详细解释了干部政策,包括了解人、气量大、用得好与爱护人。刘少奇同志在 1945 年 5 月 14 日的《论党》一文中,再次强调"干部问题"是一个极重要的问题,并且深入分析了如何选拔、认识干部,进一步指导实际中的干部工作。毛泽东同志在党的六届六中全会上,对干部政策作了具体指示:"坚决地执行党的路线,服从党的纪律,和群众有密切的联系,有独立的工作能力,积极肯干,不谋私利为标准。"④

---

① 《建党以来重要文献选编(一九二一——一九四九)》(第十四册),中央文献出版社,2011 年,第 255 页。

② 《建党以来重要文献选编(一九二一——一九四九)》(第十四册),中央文献出版社,2011 年,第 256 页。

③ 《建党以来重要文献选编(一九二一——一九四九)》(第十四册),中央文献出版社,2011 年,第 256 页。

④ 《建党以来重要文献选编(一九二一——一九四九)》(第二十二册),中央文献出版社,2011 年,第 440 页。

4. 不断提出一些新的共产党员标准

抗战时期,既培育了一批十分出色的领导骨干,同时也冒出了一小部分汉奸走狗,叛党卖国。为了加强党内队伍建设,凝聚党组织力量,党不断提出一些新的共产党员标准。如陈云在《怎样做一个共产党员》一文中,明确提出共产党员的 6 条标准:"终身为共产主义奋斗""革命的利益高于一切""遵守党的纪律,严守党的秘密""百折不挠地执行决议""群众模范""学习"①。毛泽东同志提出"一个共产党员,应该是襟怀坦白,忠实,积极,以革命利益为第一生命,以个人利益服从革命利益;无论何时何地,坚持正确的原则,同一切不正确的思想和行为作不疲倦的斗争,用以巩固党的集体生活,巩固党和群众的联系,关心党和群众比关心个人为重,关心他人比关心自己为重"②等。

5. 克服党内存在的各种消极思想与作风

早在 1937 年 5 月,刘少奇同志便提出"在党内必须克服严重存在的主观主义与形式主义"③。同年,毛泽东同志在《反对自由主义》明确提出:"自由主义取消思想斗争,主张无原则的和平,结果是腐朽庸俗的作风发生,使党和革命团体的某些组织和某些个人在政治上腐化起来"④。他清晰地指出了自由主义的各种表现,包括"事不关己,高高挂起;明知不对,少说为佳;明哲保身,但求无过"⑤"见损害群众利益的行为不愤恨,不劝告,不制止,不解释,

---

① 《建党以来重要文献选编(一九二一——一九四九)》(第十六册),中央文献出版社,2011 年,第 340~345 页。

② 《建党以来重要文献选编(一九二一——一九四九)》(第十四册),中共中央文献出版社,2011 年,第 499 页。

③ 《建党以来重要文献选编(一九二一——一九四九)》(第十四册),中央文献出版社,2011 年,第 258 页。

④ 《建党以来重要文献选编(一九二一——一九四九)》(第十四册),中央文献出版社,2011 年,第 497 页。

⑤ 《建党以来重要文献选编(一九二一——一九四九)》(第十四册),中央文献出版社,2011 年,第 497 页。

听之任之"①"摆老资格,大事做不来,小事又不做,工作随便,学习松懈"②等,将自由主义当作"一种腐蚀剂"③,其危害会让整个革命队伍缺乏严密的组织和纪律,导致政策不能贯彻到底,党的组织和党所领导的群众也会产生隔阂。他要求用马克思主义的积极精神来克服自由主义,强调革命利益为第一生命,以个人利益服从革命利益等。总之,这一时期党围绕克服党内一些错误、消极思想作为思想战线的重要任务之一,同步推进了干部的道德建设工作。

6.严明党纪,用党规党法做好干部道德建设的保障

党屡次强调要重纪律,规定"个人服从组织,少数服从多数,下级服从上级,全党服从中央"。在1939年《为什么要开除刘力功的党籍》中,从具体事实中再次强调了"只有有组织和统一才是我们的武器,才是我们的力量。要保障我们的党能有组织和统一,这就需要有严格的纪律"④,"中国革命是长期艰苦的事业,共产党及其党员没有意志行动的统一,没有百折不回的坚持性和铁的纪律,就不能胜利"⑤。抗战时期一直强调的严明纪律,以不断扩充的法规法纪进行保障。如1938年的《陕甘宁边区惩治贪污暂行条例》,不仅有处罚的具体规定,而且对贪污罪的行为作了细致、全面的说明。1943年公布的《陕甘宁边区政府人员公约(适用于区级以上)》,提出了十点公约内容,其中就包括"公正廉洁,奉公守法""互规互助,正人正己,贯彻三三制精神"

---

①　《建党以来重要文献选编(一九二一——一九四九)》(第十四册),中央文献出版社,2011年,第498页。

②　《建党以来重要文献选编(一九二一——一九四九)》(第十四册),中央文献出版社,2011年,第498页。

③　《建党以来重要文献选编(一九二一——一九四九)》(第十四册),中央文献出版社,2011年,第498页。

④　《建党以来重要文献选编(一九二一——一九四九)》(第十六册),中央文献出版社,2011年,第329页。

⑤　《建党以来重要文献选编(一九二一——一九四九)》(第十六册),中央文献出版社,2011年,第329页。

"爱护群众,密切联系群众"①等。

(四)解放战争时期干部道德建设的理论与实践

1945 至 1949 年的全国解放战争时期,虽然只有四年多的时间,但作为承上启下的重要时期,党的建设始终占据着特殊地位。这一时期党的干部道德建设主要通过 1946 到 1948 年间的整党运动,在争取解放战争胜利的过程中进行。首先,党员人数增加,干部队伍得到扩大。到 1947 年,党员人数从抗战胜利后的 120 万迅速发展到 270 万,成为一个庞大的革命政党。其次,继续整顿党内作风,处理不法分子,保障革命胜利的最后关头,"党内存在成分不纯、作风不纯的现象,如果不加整顿,就要使党丧失战斗力,至少也要消弱战斗力,不能领导革命走向胜利。坏的作风在许多环节使革命受到损失……任何一个环节都会影响革命的成效,尤其是在这中国革命接近胜利的关头"②。由此,党中央决定结合土地改革工作整顿党的思想作风。在"三查""三整"的中心内容中,加强党员干部的马克思主义理论教育和思想教育,认真开展批评与自我批评,肃清官僚主义、形式主义、命令主义等不良作风,要求党员实事求是、紧密联系群众、发扬艰苦奋斗的优良作风。同时严格处理党内存在的一些不良、不法分子。"据冀中 11 分区 8 个县、市的统计,整党期间清洗阶级异己分子 325 人,官僚蜕化分子 262 人,流氓分子 110 人,奸细叛徒 43 人。此外,加上该分区赵县清洗的 191 人,全分区总计清洗各类坏分子 931 人,占该区党员总数的 1.89%。"③再次,在整党运动中强调群众监督在关于《老区半老区的土地改革与整党工作》文件中,明确指示:

---

① 中央纪委纪检监察研究所编:《中国共产党反腐倡廉文献选编》,中央文献出版社,2002 年,第 13 页。
② 《整党整风文件研究资料选编》,上海《社联通讯》编辑部,1983 年,第 39 页。
③ 转引自王永凤:《党的思想作风建设研究》,北京师范大学出版社,2014 年,第 81 页。

"除尚未巩固的新区外,一切党的支部,均应公开。一切党的支部,在其讨论有关群众利益的问题的一切会议上,包括党的批评检讨会议在内,均应有党外群众参加,不许开秘密会议,借以破除群众对党的组织与党的会议的神秘感觉,使党内一切好的与坏的现象暴露于群众之前,为群众所监督,为群众所批评或拥护。"①此外,1949 年 3 月的中共七届二中全会的召开,作为新中国成立前夕的重要会议,毛泽东同志在《中共七届二中全会决议》中指出,"因为胜利,党内的骄傲情绪,以功臣自居的情绪,停顿起来不求进步的情绪,贪图享乐不愿再过艰苦生活的情绪,可能生长"②。由此提出著名的"两个务必":"务必使同志们继续地保持谦虚、谨慎、不骄、不躁的作风,务必使同志们继续地保持艰苦奋斗的作风。"③"两个务必"的要求使我党在胜利面前保持住清醒头脑,从而经受夺取全国政权后的考验。在毛泽东、周恩来、刘少奇等中央领导同志的率先垂范下,全党党员干部上下一心,形成了一股建设新中国大业目标的浩然正气。

从 1921 年建党到 1949 年新中国成立以前的新民主主义革命时期,我党在加强自身建设过程中,重视干部道德素质的培养,同时又培育了一群又一群胸怀大志、奉献自我的优秀革命者、党员干部,并在革命斗争的过程中积累了宝贵的革命道德,包括坚韧奋斗、追求真理的精神,救国救民、革命必胜的信念,艰苦朴素、廉洁奉公的优良作风,执政为民、甘当人民公仆的情怀等,积累了我国干部道德建设的精神养料。在党的建设过程中,运用各种手段整顿作风、加强道德建设,为革命的最终成功提供了坚强的保障,也为之后的干部道德建设提供经验、教训与智慧。此外,干部道德培养、建设手段

---

① 《周恩来选集》(上卷),人民出版社,1980 年,第 295 页。
② 《建党以来重要文献选编(一九二一——一九四九)》(第二十六册),中央文献出版社,2011年,第 170 页。
③ 《建党以来重要文献选编(一九二一——一九四九)》(第二十六册),中央文献出版社,2011年,第 171 页。

以思想教育、榜样激励为主,其他制度性、法律性的手段仍然有限,也是这一历史时期的缺陷。

二、社会主义革命时期和建设时期党的干部道德建设的理论与实践

(一)社会主义过渡时期干部道德建设的理论与实践

新中国成立后至1956年底三大改造的基本完成,是我国从新民主主义社会向社会主义社会的过渡时期。这一时期中国共产党作为新的执政党,面对战争的硝烟还没有完全退去,百废待举、百业待兴的局面,加强执政党建设、巩固新的政权成为党执政要解决的重大历史课题。

1. 加强成为新的执政党后的干部道德建设

新中国成立后,毛泽东同志强调治国就是治吏,十分强调成为执政党后的干部道德作风建设。党中央看到革命成功的喜悦让一部分领导干部开始得意忘形,同时又在一些西方享乐思想及腐朽生活方式的影响下出现了骄奢淫逸的恶行。针对这一情况,毛泽东同志再三强调艰苦奋斗才是我们的政治本色,他说,"我们历来提倡艰苦奋斗,反对把个人物质利益看得高于一切"①,现在更要勤俭,大力倡导艰苦朴素、反对铺张浪费。在1951年12月的《实行增产节约,反对贪污、浪费和官僚主义》中,毛泽东同志指出:"浪费的范围极广,项目极多,又是一个普遍的严重现象,故须着重地进行斗争,并须定出惩治办法"②。同时,坚决反对官僚主义。1953年1月,在一份转发的批示中,毛泽东同志提出要把官僚主义看作是党和政府长期面临的"一个大

---

① 《毛泽东文集》(第七卷),人民出版社,1999年,第28页。
② 《毛泽东文集》(第六卷),人民出版社,1999年,第209页。

问题",认为官僚主义是反动阶级对待人民的反动作风的残余在党和政府内的反映,要求必须坚决反对官僚主义并坚持依靠群众、走群众路线。在《论十大关系》中,毛泽东同志指出"我们也历来提倡关心群众生活,反对不关心群众痛痒的官僚主义"①。此外,强调坚定正确的政治方向问题。1954 年,毛泽东同志在《为建设一个伟大的社会主义国家而奋斗》一文中提出要调动一切积极力量来建设伟大的社会主义国家,强调要求党政干部要坚定政治方向,不能违背马克思列宁主义,不能偏离社会主义方向。

2. 积极开展干部道德的制度、法规建设

在新中国成立初期,党发布了许多文件,如1949 年11 月由中央政治局通过的《中共中央关于成立中央及各级党的纪律检查委员会的决定》、1951 年12 月《中共中央关于实行精兵简政、增产节约、反对贪污、反对浪费和反对官僚主义的决定》、1951 年12 月《中共中央关于"三反"斗争必须大张旗鼓进行的指示》、1952 年1 月《中央关于有严重贪污罪行须逮捕法办的共产党员应首先开除其党籍的通知》、1952 年3 月《中共中央关于在"三反"运动中党员犯有贪污、浪费、官僚主义错误给予党内处分的规定》、1952 年4 月《中共中央关于在"三反"运动中对于贪污分子量刑的指示》、1952 年6 月《关于争取胜利结束三反运动中的若干问题的指示》、1955 年3 月《中国共产党全国代表会议关于成立党的中央和地方监察委员会的决议》等。1952 年4 月由中央人民政府委员会第十四次会议批准,政务院通过的《中华人民共和国惩治贪污条例》,是新中国成立后第一部系统性的反贪法律文件,它是包括十八项条款的惩治贪污法律文件,对贪污罪及其量刑标准都作出了明确的界定。这些文件、法规的公布与实施不仅保障了我国向社会主义社会顺利过渡的革命果实,而且为社会主义建设初期的干部道德法制建设奠定了基础。

---

① 《毛泽东文集》(第七卷),人民出版社,1999 年,第28 页。

3. 坚决反腐倡廉,纯洁党的队伍

由于进城后党内干部发生贪污腐化现象较为严重,尤其像刘青山、张子善一类的大贪污案以及基层干部由于监管不到位导致的贪污腐败,这些都极大地影响了党群、干群关系。在组织上,新中国成立后一个月就成立的中央及各级党的纪律监察委员会坚定执行党的路线、贯彻党的方针,查处党内各种违反党纪行为,加强党的组织性与纪律性。之后在 1955 年 3 月成立党的中央和地方监察委员会,以"经常检查和处理党员违反党章、党纪和国家法律、法令的案件"①为任务,再次加强党的纪律,约束党员干部言行。在实际反腐行动上,在"三反"运动的反腐败斗争中,党中央坚决果断地惩处了刘青山、张子善等高级领导干部,引起很大的震动,让"贪污最丑恶、最可耻""廉洁最光荣"等真正成了绝大多数干部信仰的道德观念。同时,"为了不使共产党变成国民党",1952 年的"三反"刚一结束,党中央紧接着在 1953 年就发动以反对干部违法乱纪为主要内容的"新三反"运动和反贪污运动。1954年在《中央军委及总政治部关于制止某些高级干部腐化堕落违法乱纪行为的指示》中,指出了高级干部的一些腐化行为及表现,提出了一些党内腐败案例以警示干部,要求坚决克服这些腐化思想以及制止这些消极现象,提出"加强党对高级干部的领导与监督""必须严肃党的纪律:对党的高级干部的违法乱纪行为,除从思想教育和组织制度上去防止和纠正外,还必须以严格执行党和军队的纪律来约束干部不正当的思想行为"②两大具体要求,以高级干部腐化堕落的事件作为教训,奉公守法,自觉提高共产主义觉悟。

---

① 中央纪委纪检监察研究所:《中国共产党反腐倡廉文献选编》,中央文献出版社,2002 年,第57 页。

② 中央纪委纪检监察研究所:《中国共产党反腐倡廉文献选编》,中央文献出版社,2002 年,第57 页。

(二)社会主义建设十年探索时期干部道德建设的理论与实践

社会主义建设探索时期历经十年,以毛泽东同志为代表的中国共产党人在建设社会主义社会的初期探索中继续加强执政党自身建设,努力提高干部队伍能力素质。

1.以党的八大为标志推动社会主义建设探索时期的干部道德建设新发展

1956年9月党召开的八大,对于党内存在的一些脱离群众、脱离实际的官僚主义现象,要求为了适应社会主义改造和社会主义建设的任务,这一时期十分重要的任务就是"进一步扩大民主生活,开展反对官僚主义的斗争"①。并且强调指出"反对官僚主义是一个长期的斗争"②,提出了四个方面的具体监督意见,包括党对国家机关的领导和监督、全国人民代表大会及其常务委员会对中央一级政府机关的监督和地方各级人民代表大会对地方各级政府机关的监督、各级政府机关的由上而下的监督和由下而上的监督、人民群众和机关中的下级工作人员对于国家机关的监督等。同时,大会回顾了"党的领导"的历史情况,进行党的领导能力经验总结,强调坚持正确思想路线的重要性,反对思想上的主观主义以保证党的工作顺利进行。以党的八大为标志,我党开启了新时期的干部道德建设新探索。

2.开展一系列整党整风运动,全面加强干部思想作风建设

党的八大结束后,党中央开展了1957年的整党运动、农村的"三反"运动、整风整社运动,以及下放干部进行劳动锻炼、颁布并执行"党政干部三大

---

① 《建国以来重要文献选编(一九二一——一九四九)》(第九册),中央文献出版社,2011年,第75页。

② 《建国以来重要文献选编(一九二一——一九四九)》(第九册),中央文献出版社,2011年,第75页。

纪律、八项注意"及开展"四清"运动等一系列加强自身执政党建设的活动，提高干部政治思想水平、改善工作作风以密切党和群众的联系，同时肃清干部队伍中的腐朽分子、纯洁干部队伍。如1958年下放干部进行劳动以把干部下放到农村参加体力劳动为形式，锻炼和改造现有知识分子干部，提高干部的思想作风、政治觉悟等，是这一时期政治战线、思想战线上社会主义革命的重要部分。

3. 全面加强制度、法规建设，形成最大约束力，严格管理党员干部

进一步加强党的监察工作与纪律检查制度，以此加强对党员首先是党员干部的监督，如中共第八届中央委员会第十次会议通过《关于加强党的监察机关的决定》，从扩大各级监察委员会委员的名额、各级党的党委会定期讨论党的监察工作以加强对同级监察委员会的领导、党的各级监察委员会加强对同级国家机关的党员的监督工作以及对各级监察委员会和全体监察工作人员严格要求四个方面来加强党的监察工作，保证党的路线、方针、政策、决议等得到贯彻执行。建设政府机关的廉政制度，如规定党和国家机关工作人员不得直接参与生产经营以防止钱权交换、以权谋私，建立工作检查汇报制度、压缩不正当的消费等。发布一系列决定与指示，健全党内法令法规，落实反腐倡廉工作。其中包括1962年6月《中央军委关于发扬艰苦朴素作风，反对干部特殊化的指示》、1963年3月《中共关于厉行增产节约和反对贪污盗窃、反对投机倒把、反对铺张浪费、反对分散主义、反对官僚主义运动的指示》、1964年1月中共中央批转中央监委《关于"五反"运动中对贪污盗窃、投机倒把问题的处理意见的报告》等。

4. 重视榜样典型的力量，用道德榜样的感召力弘扬"无私""奉献""为人民服务"等精神，营造廉洁的政治风气与社会风气

毛泽东曾指出，应将各地典型的好人好事加以调查分析和表扬，使全党都向这些好的典型看齐，发扬正气，压倒邪气。应将各地典型的好人好事加

以调查分析和表扬,使全党都向这些好的典型看齐,发扬正气,压倒邪气。这一时期,涌现出雷锋、焦裕禄以及大庆精神中的先进人物王进喜、大寨精神中的先进人物支部书记陈永贵等。这些先锋模范不仅成为这一时期的道德榜样引领道德风尚,其道德精神也成为了我国干部道德建设工作中的永久精神财富。如雷锋同志在国家内忧外患的艰难时期,胸怀共产主义理想,为人民服务的精神是我党呕需的强大精神激励,由此向全党发出学习雷锋同志的号召。刘少奇同志提出要"学习雷锋同志平凡而伟大的共产主义精神",周恩来也强调要向雷锋同志学习憎爱分明的阶级立场、言行一致的革命精神、公而忘私的共产主义风格和奋不顾身的无产阶级斗志。

5. 积极倡导党的优良传统

包括坚持"从群众中来,到群众中去"的群众路线、保持艰苦奋斗的作风、"批评与自我批评"的工作方法、"理论和实践相结合"的作风等,强调继续党的胜利事业需要坚持党的优良传统,坚决同一切资产阶级腐朽思想、右倾机会主义等作斗争。如强调坚持群众路线的优良传统以正确处理人民内部矛盾:1956 年,邓小平就在《关于修改党的章程的报告》中强调,必须经常注意反对"主观主义、官僚主义和宗派主义",经常警戒"脱离实际和脱离群众的危险";毛泽东在《一九五七年夏季的形势》中明确指出:"共产党员要善于同群众商量办事,任何时期也不要离开群众。党群关系好比鱼水关系。如果党群关系搞不好,社会主义制度就不可能建成;社会主义制度建成了,也不可能巩固。"①要求各级领导干部必须坚持群众路线的优良传统,深入群众中间、关心群众利益、全心全意为人民服务,这才是搞好干群关系,从群众中汲取力量以正确解决人民内部矛盾的根本方法。同时要坚持群众路线,就必须注意去除"官风"。执政后的党内一些干部身上滋生了"官风",染上

---

① 《建国以来毛泽东文稿》(第6册),中央文献出版社,1992年,第547页。

了官老爷的旧社会恶习。毛泽东在《干部要以普通劳动者的姿态出现》中强调指出:"官气是一种低级趣味,摆架子、摆资格、不平等待人、看不起人,这是最低级的趣味,这不是高尚的共产主义精神。以普通劳动者的姿态出现,则是一种高级趣味,是高尚的共产主义精神。"①因此,各级干部"在人民中间都要以一个普通劳动者的姿态出现。决不许可摆架子"②。要在干部队伍建设中十分注意去除"官风",坚持走群众路线。

总的说来,这一时期党依然重视干部工作,干部道德建设也取得了一些成就,然而由于受"左"倾错误思想路线的影响,干部道德建设的工作也走了一些弯路,尤其是实事求是的优良作风受到严重的破坏,在挫折与失误中获得了深刻教训。

(三)"文化大革命"时期干部道德建设的理论与实践

"文化大革命"是一场由领导者错误发动,被反革命集团利用,给党、国家和各族人民带来严重灾难的内乱,它留下了极其惨痛的教训。当时党内存在一些思想作风问题,包括个人专断、骄傲自满、官僚主义严重、宗派观念突出、干部生活腐化、无视群众疾苦甚至贪污受贿等。为了加强党的建设,毛泽东同志认为:"过去我们搞了农村的斗争,工厂的斗争,文化界的斗争,进行了社会主义教育运动,但不能解决问题,因为没有找到一种形式,一种方式,公开地、全面地、由下而上地发动广大群众来揭发我们的黑暗面。"③解决这些"黑暗面"、建设好党,成为发动"文化大革命"的初衷。然而在实际运动中,唯心主义、教条主义、形而上学等完全破坏了党实事求是的思想路线。"文化大革命"非但没有改善好党,反而给党带来了沉重的灾难,也带给党深

---

① 《毛泽东文集》(第七卷),人民出版社,1999年,第378页。
② 《毛泽东文集》(第七卷),人民出版社,1999年,第355页。
③ 《建国以来毛泽东文稿》(第12册),中央文献出版社,1998年,第220页。

刻的教训。比如要坚持正确的指导思想与政治路线、加强党的自身建设不能简单依靠群众性的政治运动等。这些教训也是干部道德建设工作应吸取的。

新中国成立以来,党在三十年的社会主义革命时期与建设时期以执政党的崭新面貌出现,坚定共产主义的伟大理想,在战争硝烟尚未完全退去,全国上下百业待兴之际,完成艰巨的三大改造任务实现新民主主义社会向社会主义社会的转变,并继续探索社会主义社会的建设事业。这一过程虽然饱受挫折与失败,尤其是"文化大革命"十年的惨痛经历,打乱了党前进的步伐,但也最终拨乱反正,留下深刻的经验教训。这一时期的干部道德建设在整体上仍然有所发展推进,尤其是为国家培养了一大批德高身正的领导干部,领导党的事业并在关键时期力挽狂澜,最终维护了国家与社会的稳定。此外,这一时期以执政党身份进行的干部道德建设的初步探索,也为之后党领导改革开放事业过程中加强执政能力建设、提高干部道德能力方面积累了有益经验。

三、改革开放以来党的干部道德建设的理论与实践

1976 年 10 月,党中央一举粉碎了"四人帮",结束了十年内乱。1978年,党的十一届三中全会召开,确立了解放思想、实事求是的指导方针,重新端正了党的思想路线,将党和国家的工作重点转移到社会主义现代化建设上来。我国历史以此为标志,进入了改革开放的社会主义现代化建设新时期。在这一时期,随着社会主义现代化事业的稳定推进,干部道德建设的理论与实践进入常态化与规范化发展历程,主要分以下几个历史阶段展开。

(一)党的第二代领导集体的干部道德建设理论与实践

党的十一届三中全会至十三届四中全会期间,以邓小平同志为主要代

表的党的第二代领导集体将国家各项事业的重心转移到经济建设上来,实现党的思想路线的拨乱反正,努力克服党内存在的"左""右"错误思想,推动干部道德建设进入新的阶段。

1. 将干部道德提升到党和国家生死存亡的高度

"文化大革命"对我国的恶劣影响,在领导干部身上表现为优良传统毁坏、道德作风混乱等,面对这样的干部队伍现状,刚刚复职的邓小平同志即在党的十届三中全会上向全党发出号召:"要搞好我们的党风、军风、民风,关键是要搞好党风。"①这里的"党风"很大程度上讲的就是党员干部的道德风气。邓小平认为,"现在我们是搞建设,干部已成为决定性的因素"②。1980年11月,在《关于党内生活的若干准则》座谈会上,陈云指出:"执政党的党风问题是有关党的生死存亡的问题。因此,党风问题必须抓紧搞,永远搞。"③1982年4月10日,邓小平告诫全党:"我们自从实行对外开放和对内搞活经济两个方面的政策以来,不过一两年时间,就有相当多的干部被腐蚀了。……要足够估计到这样的形势。这股风来得很猛。如果我们党不严重注意,不坚决刹住这股风,那末,我们的党和国家确实要发生会不会'改变面貌'的问题。这不是危言耸听的。"④之后在经济建设有所成绩之时,针对一些人借口抓经济而忽视腐败问题、干部道德品质问题,邓小平又尖锐指出:"风气如果坏下去,经济搞成功又有什么意义?会在另一方面变质,反过来影响整个经济变质,发展下去会形成贪污、盗窃、贿赂横行的世界。"⑤1989年6月16日,邓小平在与其他几位中央同志谈话中提出:"要整好我们的党,实现我们的战略目标,不惩治腐败,特别是党内的高层的腐败现象,确实有

① 《邓小平文选》(第二卷),人民出版社,1994年,第42页。
② 《邓小平文选》(第一卷),人民出版社,1994年,第209页。
③ 《陈云文选》(第三卷),人民出版社,1995年,第273页。
④ 《邓小平文选》(第二卷),人民出版社,1994年,第402~403页。
⑤ 《邓小平文选》(第三卷),人民出版社,1993年,第154页。

失败的危险。新的领导要首先抓这个问题。"①

2.确立实事求是、解放思想为干部道德建设工作的根本思想路线与指导方法,提出新时期"四化"人才标准

早在1978年,邓小平就向全党发出了"解放思想,实事求是,团结一致向前看"的号召。他说:"实事求是,一切从实际出发,理论联系实际,坚持实践是检验真理的标准,这就是我们党的思想路线。"②实事求是的方法就是"解决任何问题都要从实际出发,采取科学的、老老实实的态度,一点弄虚作假也不行,事物的本来面目用语言是改变不了的"③。解放思想则是邓小平用来解决新问题的正确方法,它强调要打破习惯势力和主观偏见的束缚,研究新情况,解决新问题。他曾深刻指出:"一个党,一个国家,一个民族,如果一切从本本出发,思想僵化,迷信盛行,那它就不能前进,它的生机就停止了,就要亡党亡国。"党确立实事求是、解放思想的思想路线,并以此来发展各项工作,认为"只有解放思想,坚持实事求是,一切从实际出发,理论联系实际,我们的社会主义现代化建设才能顺利进行,我们党的马列主义、毛泽东思想的理论也才能顺利发展"④。这也确立了干部道德建设工作中实事求是、解放思想的根本思想路线与指导方法。同时,在实事求是、解放思想的指导下,党确立了新时期选拔和考核干部的主要标准:"要按照'革命化、年轻化、知识化、专业化'的标准,选拔德才兼备的人进班子。"⑤在"四化"的人才标准里,"革命化"是首要的,它强调的是干部的政治素养、道德修养。邓小平曾引用叶剑英选拔接班人的三条政治标准:"一是坚决拥护党的政治路线和思想路线;二是大公无私,严守法纪,坚持党性,根绝派性;三是有强烈

---

① 《邓小平文选》(第三卷),人民出版社,1993年,第313页。
② 《邓小平文选》(第二卷),人民出版社,1994年,第278页。
③ 《邓小平年谱(1975—1997)》(上),中央文献出版社,2004年,第329页。
④ 《邓小平文选》(第二卷),人民出版社,1994年,第143页。
⑤ 《邓小平文选》(第三卷),人民出版社,1993年,第380页。

的革命事业心和政治责任心,有胜任工作的业务能力。"①这些人才标准的提出,又一次推动了干部道德建设的向前发展。

3. 发展并创新新时期的干部道德思想,提出与时俱进的道德新要求、新标准

其一,进一步发展"为人民服务"的干部道德新要求。早在 1962 年邓小平就指出:"当人民的勤务员,那就要以普通劳动者的面貌出现,要平等待人,要全心全意为人民服务"②,并且针对"一些干部,不把自己看作是人民的公仆,而把自己看作是人民的主人"③这种干部特权现象,提出了要以"人民满意不满意、人民高兴不高兴、人民赞成不赞成"作为新时期"为人民服务"的新标准、新要求。

其二,提出了"三个有利于"的干部道德新标准。党的十四大明确提出:判断各方面工作是非得失,归根到底,要以"三个有利于"为标准。这"三个有利于"就是邓小平同志提出的"是否有利于发展社会主义社会的生产力,是否有利于增强社会主义国家的综合国力,是否有利于提高人民的生活水平"④。"三个有利于"是邓小平运用实事求是、解放思想的科学指导方法,根据改革开放后中国的现实发展要求总结出来的富有中国特色的社会主义建设智慧结晶,它发展为该时期的干部道德新标准,是我国干部道德建设工作的极大创新,极具时代眼光与中国智慧。

其三,强调艰苦奋斗,提出"廉洁政治"的新的干部道德现实要求。邓小平再三强调"艰苦奋斗",认为"我们党的胜利,首先和最主要地要归功于人民群众对于我们的信任和支持,要归功于全体党员的艰苦奋斗"⑤。"要坚持

---

① 《邓小平文选》(第二卷),人民出版社,1994 年,第 222 页。
② 《邓小平文选》(第一卷),人民出版社,1994 年,第 85 页。
③ 《邓小平文选》(第二卷),人民出版社,1994 年,第 332 页。
④ 《邓小平文选》(第三卷),人民出版社,1993 年,第 372 页。
⑤ 《邓小平文选》(第一卷),人民出版社,1994 年,第 256 页。

建党几十年来最好时期的传统,就是要艰苦奋斗,谨慎办事,兢兢业业。"①面对党情国情的变化,党中央从保持艰苦奋斗优良传统作风出发提出"廉洁政治"的现实道德要求,要求"反对腐败,搞廉洁政治"。邓小平曾尖锐地指出:"对干部和共产党员来说,廉政建设要作为大事来抓。"②并再三要求领导杜绝以权谋私、贪赃枉法等腐败现象,坚决廉洁奉公、不徇私情等。

其四,反对官僚主义,加强民主、平等的政治作风。邓小平与毛泽东一样,深刻认识到官僚主义的危害,认为官僚主义"是小生产的产物,同社会化大生产是根本不相容的",因此"搞四个现代化,把社会主义经济全面地转到大生产的技术基础上,非克服官僚主义这个祸害不可"。③ 因为它的危害极大:"高高在上,滥用权力,脱离实际,脱离群众,好摆门面,好说空话,思想僵化,墨守陈规,机构臃肿,人浮于事,办事拖拉,不讲效率,不负责任,不守信用,公文旅行,互相推诿,以至官气十足,动辄训人,打击报复,压制民主,欺上瞒下,专横跋扈,徇私行贿,贪赃枉法,等等。"④因此党坚决反对官僚作风,并在实际工作中积极消除长期以来积累的官僚习气,在领导干部中提倡民主、平等的政治作风。邓小平曾说:"不论是担负领导工作的党员,或者是普通党员,都应以平等态度互相对待,都平等地享有一切应当享有的权利,履行一切应当履行的义务。上级对下级不能颐指气使,尤其不能让下级办违反党章国法的事情;下级也不应当对上级阿谀奉承,无原则地服从,'尽忠'。不应当把上下级之间的关系搞成毛泽东同志多次批评过的猫鼠关系,搞成旧社会那种君臣父子关系或帮派关系。"⑤民主与政治平等是党反对官僚主义作风的进一步深入,是对干部道德建设内容更为深层的理论探索与实践追求。

---

① 《邓小平文选》(第三卷),人民出版社,1993 年,第 259 页。
② 《邓小平文选》(第二卷),人民出版社,1994 年,第 379 页。
③ 《邓小平文选》(第二卷),人民出版社,1994 年,第 327 页。
④ 《邓小平文选》(第二卷),人民出版社,1994 年,第 327 页。
⑤ 《邓小平文选》(第二卷),人民出版社,1994 年,第 331 页。

4.干部道德建设以强化监督、严格法制以促德为走向,初步探索干部道德建设常态化、规范化机制

强化监督方面,邓小平深知监督对于防止权力腐败的重要性,在《共产党要接受监督》以及其他一些重要文章里,他强调了领导干部必须接受党委、国家权威机关、行政内部机关、人民群众、各民主党派和无党派人士、新闻媒介等各个方面的严厉监督。他认为"对领导人最重要的监督是来自党委会本身"①,同时"也需要来自人民群众和党外人士对于我们党的组织和党员的监督"②。并且"对于我们党来说,更加需要听取来自各个方面包括各民主党派的不同意见,需要接受各个方面的批评和监督,以利于集思广益,取长补短,克服缺点,减少错误"③。他认为群众的监督十分重要,认为"要有群众监督制度,让群众和党员监督干部,特别是领导干部。凡是搞特权、特殊化,经过批评教育而又不改的,人民就有权依法进行检举、控告、弹劾、撤换、罢免,要求他们在经济上退赔,并使他们受到法律、纪律处分"④,并且"让群众来监督批评,只有好处,没有坏处"⑤。因此"对各级干部的职权范围和政治、生活待遇,要制定各种条例,最重要的是要有专门的机构进行铁面无私的监督检查"⑥。严格法制以强调制度促德方面,邓小平同志总结前人的教训,屡次强调干部道德建设需要配套的"制度建设"是这一时期干部道德建设工作的重大突破。邓小平认为,要消除领导干部中存在的官僚主义作风就必须解决"组织制度、工作制度方面的问题","制度问题不解决,思想作风问题也解决不了"⑦,"领导制度、组织制度问题更带有根本性、全局性、稳定

---

① 《邓小平文选》(第一卷),人民出版社,1994 年,第 309~310 页。
② 《邓小平文选》(第一卷),人民出版社,1994 年,第 215 页。
③ 《邓小平文选》(第二卷),人民出版社,1994 年,第 205 页。
④ 《邓小平文选》(第二卷),人民出版社,1994 年,第 332 页。
⑤ 《邓小平文选》(第一卷),人民出版社,1994 年,第 160 页。
⑥ 《邓小平文选》(第二卷),人民出版社,1994 年,第 332 页。
⑦ 《邓小平文选》(第二卷),人民出版社,1994 年,第 328 页。

性和长期性"①。他明确指出："我们过去发生的各种错误,固然与某些领导人的思想、作风有关,但是组织制度、工作制度方面的问题更重要。这些方面的制度好可以使坏人无法任意横行,制度不好可以使好人无法充分做好事,甚至会走向反面。"②邓小平同志看到了制度建设的薄弱现状对我国干部道德建设工作的恶劣影响,这既是他认真总结历史经验教训得出的经验智慧,也是根据改革开放要求实事求是、解放思想后的洞见。因此,要建立群众联系制度、健全党的民主集中制、完善干部考核制度、加强廉政制度建设、法制反腐等,以及一些法纪党规甚至法律文件,如《关于党内政治生活的若干准则》《关于对党员干部加强党内纪律监督的若干规定(试行)》《中共中央关于整党的决定》《中共中央关于党和国家必须保持廉洁的通知》《中华人民共和国行政诉讼法》等。一系列法制建设大大提高了干部道德建设的有效性,培养了更多遵纪守法的好干部。从强调干部接受监督到一系列法制的完善,开启了这一时期干部道德工作规范化、常态化建设的初步探索。

5.在干部道德建设过程中提倡干部加强自身学习,并强调以高级领导干部为抓手

重视和善于学习是党的一贯要求,也是我国建设干部道德的重要经验。党在这一时期继承、发扬这一宝贵经验,大力号召"全党同志一定要善于学习,善于重新学习"③,主要包括三个方面的内容:政治上,反复提醒各个层次、各个领域的领导干部"到什么时候都得讲政治"④,强调干部们的政治素养;思想方法论上,"根本的是要学习马列主义、毛泽东思想,要努力把马克思主义的普遍原则同我国实现四个现代化的具体实践结合起来"⑤;实践中,

---

① 《邓小平文选》(第二卷),人民出版社,1994 年,第 333 页。
② 《邓小平文选》(第一卷),人民出版社,1994 年,第 215 页。
③ 《邓小平文选》(第二卷),人民出版社,1994 年,第 152 ~ 153 页。
④ 《邓小平文选》(第三卷),人民出版社,1993 年,第 166 页。
⑤ 《邓小平文选》(第二卷),人民出版社,1994 年,第 153 页。

抓紧实践对各种所需知识的学习,"一个是学经济学,一个是学科学技术,一个是学管理"①。同时,强调将学习制度化、经常化,不能搞成运动形式。邓小平认为全党的领导干部要进行有计划的培训学习,使其"在繁忙的工作中仍然有一定的时间学习"②,"一部分人在岗位上工作,其他的人抽出来轮训"③等。他认真总结教训,指出这些年学得不好,是因为"主要的精力放到政治运动上去了,建设的本领没有学好,建设没有上去,政治也发生了严重的曲折"④。所以,在改革开放新的时期,"要努力学习各种有关管理和技术专业,再不能长期泡在各种会议里,老是当外行,那样我们就永远实现不了现代化"⑤。只有"学习好,才可能领导好高速度、高水平的社会主义现代化建设"⑥。要求干部成为不断学习的表率,既符合这一时期社会现实的具体要求,也是党员干部提高道德修养的重要方式。同时,这一时期的干部道德建设特别强调以高级领导干部为抓手。邓小平在许多有关干部道德建设的言论、指示中,都特别突出"高级领导干部"这个群体的以身作则。"为了整顿党风,搞好民风,先要从我们高级干部整起。"⑦因为,"领导干部,特别是高级干部以身作则非常重要。群众对干部总是要听其言、观其行的"⑧。他号召全党干部以毛泽东、周恩来为榜样,以身作则、严于律己,搞好"传帮带"⑨。这种"以身作则"关键就是要求各级领导干部率先垂范,尤其是高级领导干部,要成为全党干部、全国人民的道德榜样,在群众中树立威信,担当起党和

① 《邓小平文选》(第二卷),人民出版社,1994年,第153页。
② 《邓小平文选》(第二卷),人民出版社,1994年,第147页。
③ 《邓小平文选》(第二卷),人民出版社,1994年,第397页。
④ 《邓小平文选》(第二卷),人民出版社,1994年,第153页。
⑤ 《邓小平文选》(第二卷),人民出版社,1994年,第340页。
⑥ 《邓小平文选》(第二卷),人民出版社,1994年,第153页。
⑦ 《邓小平文选》(第二卷),人民出版社,1994年,第219页。
⑧ 《邓小平文选》(第二卷),人民出版社,1994年,第124页。
⑨ 《邓小平文选》(第二卷),人民出版社,1994年,第125页。

政府的先进代表形象。"现在需要全国的干部,首先是高级干部起模范带头作用,把我们党的艰苦朴素、密切联系群众的传统作风很好地恢复起来,坚持下去。"①面对党内存在的不正之风、错误思想及腐败现象等,邓小平认为关键在于高级干部能否以身作则,"要先从领导干部纠正起。群众的眼睛都在盯着他们,他们改了,下面就好办"②。因此,党中央再三强调指出:"各级领导干部,特别是高级干部,更应该严格遵守党章、遵守《关于党内政治生活的若干准则》,起模范作用"③,切实推进以高级干部为抓手的干部道德建设。

6.整治党风、狠抓惩处

1982年党的十二大召开,此次会议通过了修改后的新党章,对党员提出了更多的标准与要求、明确了"党的干部"内容,并且同时根据党内现状开始有计划有步骤的整党。自1983年10月至1987年5月,三年半时间内有4000万名党员、近250万个基层以上党组织参加了此次整党运动,这也是党执政以来规模最大的一次整党,内容涉及思想、作风、纪律、组织等。通过整顿,党内加强了全心全意为人民服务的宗旨,为干部的道德建设创造了一个良好的氛围。与此同时,党的十二大提高了纪律检查委员会的地位,并且确立了纪律检查委员会的双重领导制,将它作为整治党风、严惩腐败的重要机构。纪律检查委员会也围绕经济领域中违法犯罪的党纪处理、严禁接待工作中不正之风、党政机关和党政干部经商与办企业、禁止领导干部的子女与配偶经商、严禁对领导干部请客送礼、坚决查处共产党员索贿问题、党和国家机关必须保持廉洁等多方面内容对党员、党员干部的言行作了细致的规定,既进行党纪教育又严惩违法乱纪分子,很大程度上纯净了干部队伍。

以邓小平同志为主要代表的党的第二代领导集体在继承马列主义、毛

---

① 《邓小平文选》(第二卷),人民出版社,1994年,第229~230页。
② 《邓小平文选》(第二卷),人民出版社,1994年,第125页。
③ 《邓小平文选》(第三卷),人民出版社,1993年,第39页。

泽东思想的基础上,结合具体历史时期的任务要求,在回答什么是社会主义、怎样建设社会主义的问题中,丰富并创新性地发展了干部道德建设的理论与实践,扭转了"文化大革命"后干部道德建设一度挫败的局面,探索改革开放初期一系列干部道德建设工作的常态化、规范化,有效地提升了当时干部队伍的道德水平,为改革开放事业的顺利进行提供了干部保障。

(二)以江泽民同志为主要代表的党的第三代领导集体的干部 道德建设的理论与实践

党的十三届四中全会到党的十六大,以江泽民同志为主要代表的党的第三代领导集体在社会主义市场经济体制建设时期,围绕推动改革开放与现代化建设事业进入新的阶段,高度重视干部道德建设与反腐工作,在跨世纪之际开展了一系列促进干部道德提升的工作,丰富了干部道德建设的理论与实践。

1.首次提出"依法治国"与"以德治国"并举,将道德建设提升到治国理政的新高度

江泽民根据国家发展的现实需求,提出"依法治国"与"以德治国"并举的治国方略,把道德建设提升到治国理政的新高度。在"以德治国"方略中,领导干部这一具有特殊地位的群体,其道德水平集中体现了"以德治国"的水平。江泽民指出,"党的作风是党的形象,是党的性质、宗旨、纲领、路线的重要体现,是党的创造力、战斗力和凝聚力的重要内容。……党的作风状况,关系党的生死存亡,关系国家的前途命运"①。"党的作风,关系党的形象,关系人心向背,关系党的生命。"②这里的"党风",显然关键在于党内干部

---

① 江泽民:《论党的建设》,中央文献出版社,2001年,第531页。
② 江泽民:《论"三个代表"》,中央文献出版社,2001年,第175页。

道德的水平。因此,这一治国方略的提出,凸显了干部道德建设工作的核心、首要地位。

2. 构建党的创新性理论——"三个代表"重要思想,为干部道德建设提供新时期的价值标准

以邓小平为主要代表的党的第二代领导集体在如何建设社会主义的问题上对干部道德建设工作作出了新的探索,而以江泽民同志为主要代表的党的第三代领导集体则在回答"党是什么"这个问题的基础上,展开了新时期干部道德建设工作的探索,其中最重要的理论贡献就是"三个代表"的提出。2000年2月,江泽民提出了"三个代表"重要思想,即中国共产党始终代表中国先进生产力的发展要求、始终代表中国先进文化的前进方向、始终代表中国最广大人民的根本利益。代表"先进生产力的发展方向",党的干部才能带领广大群众不断发展经济、提高生活水平;代表"先进文化的前进方向"是强调党在精神文明上的领先地位,才能为经济发展、社会进步提供精神动力与智力支持;代表"最广大人民的根本利益"则是党执政的本质所在,不断满足人民群众的经济、政治、文化等利益。"三个代表"以"全心全意为人民服务"为宗旨,要求领导干部在工作中执政为民、立党为公;它的贯彻与实施,关键在坚持与时俱进,核心在坚持党的先进性,本质在坚持执政为民。可以说,坚持"三个代表",就是确立了干部道德建设的价值标准,不断引导各级干部树立正确的权力观,增强权责意识,维护好党群、干群关系。"三个代表"重要思想是党牢牢把握时代脉搏而提出的具有创新性、突破性的干部道德建设价值标准,干部们只有经常用"三个代表"的要求来观照、反省自己的灵魂、思想,才能在新的时代中去除困惑、迷茫,抵御住诱惑,坚定正确的政治方向、树立共产主义道德理想与信念,在对自身有一个更加清醒的认识中提升道德修养,争做时代道德的先锋,永葆党的先进性与纯洁性。

3.加快党内法规和制度建设步伐成为这一时期干部道德建设工作的最重要特征

1994 年 9 月党的十四届四中全会作出了《中共中央关于加强党的建设几个重要问题的决定》,指出"把党建设成为用中国特色社会主义理论武装起来、全心全意为人民服务、思想上政治上组织上完全巩固、能够经受住各种风险、始终走在时代前列的马克思主义政党,这是以邓小平同志为核心的第二代中央领导集体开创的、以江泽民同志为核心的第三代中央领导集体正在领导全党继续进行的新的伟大的工程"①。第一次将党的建设提到了新的伟大工程的战略高度。同时江泽民同志在此次会议上特别强调了制度在党的建设上的重要作用,他提出,"注重制度建设,是这次全会决定的一个重要指导思想。制度建设更带有根本性、全局性、稳定性和长期性。我们党在七十多年的发展中积累了丰富的建党经验,有着优良的传统和作风,如何发扬光大,如何持之以恒,很重要的工作就是要使之制度化,建立一整套科学严密的组织制度。我们要全面规划、精心设计,在民主集中制、基层党组织建设、干部的培养选拔等方面进一步建立科学的规章制度,形成适应新的历史时期所要求的新机制新规范"②。此后,党内相关法规与制度建设的步伐明显加快、成果明显增多。1994 年 12 月中共中央纪委办公厅、监察部办公厅发布关于印发《中共中央纪委、监察部党风廉政教育工作纲要》的通知,要求贯彻执行《纲要》,"教育国家工作人员遵纪守法、为政清廉"③,推动党风廉政教育工作的制度化、规范化。1995 年 2 月,中共中央发布关于印发《党政领导干部选拔任用工作暂行条例》的通知,《条例》中将"德才兼备"列入选拔党

---

① 《十四大以来重要文献选编》(中),人民出版社,1997 年,第 957 页。
② 《江泽民文选》(第一卷),人民出版社,2006 年,第 410 页。
③ 中央纪委纪检监察研究所编:《中国共产党反腐倡廉文献选编》,中共文献出版社,2002 年,第 340 页。

政领导干部的六项原则之一,并且明确将"正确行使人民赋予的权力,清正廉洁,勤政为民,以身作则,艰苦朴素,密切联系群众,坚持党的群众路线,自觉地接受党和群众的批评和监督,反对官僚主义,反对任何滥用职权、谋求私利的不正之风"列入干部应当具备的基本条件之一,强调了对干部"德"的重视。1997年5月,中共中央办公厅印发《关于对违反〈党政领导干部选拔任用工作暂行条例〉行为的处理规定》,进一步加强对党政干部选拔任用工作的监督、严肃党纪党规,以保证党的干部路线、方针、政策的落实。1998年5月,中共中央组织部印发《党政领导干部考核工作暂行规定》,这是党第一个关于干部考核工作的文件,进一步推进对党政领导干部选拔工作。1997年2月,中共中央印发《中国共产党纪律处分条例(试行)》,3月印发《中国共产党党员领导干部廉洁从政若干准则(试行)》,这两个文件的发布与贯彻实施,是党加强党风建设的显著标志,显示了党加强自身建设的决心。其他还有《关于对党和国家机关工作人员在国内交往中收受的礼品实行登记制度的规定》《关于党政机关县(处)级以上领导干部收入申报的规定》《中共中央纪律检查委员会关于重申和建立党内监督五项制度的实施办法》《中共中央、国务院关于党政机关厉行节约制止奢侈浪费行为的若干规定》《关于实行党风廉政建设责任制的规定》等。据统计,"仅1992年10月到1997年9月间,中共中央出台的重要的法规性的条例、决定、意见、通知有70多部"①。

4.从上到下狠抓干部的廉洁自律,号召党员干部做"四自"楷模,开展"三讲"干部教育活动,掀起干部道德建设新热潮

1993年10月,中共中央、国务院发布《关于反腐败斗争近期抓好几项工作的决定》。《决定》中强调"党政机关领导干部要带头廉洁自律"②,并对党

---

① 高新民、张希贤:《中国共产党建设史》,中共中央党校出版社,2009年,第234页。
② 中央纪委纪检监察研究所编:《中国共产党反腐倡廉文献选编》,中共文献出版社,2002年,第315页。

政机关县(处)级以上领导干部重申并提出了"五条规定"以加强党风廉政建设。同年 10 月,中央纪委、中央组织部、监察部又印发了《关于党政机关县(处)级以上领导干部廉洁自律"五条规定"的实施意见》,以保证"五条规定"的实施。同年 12 月,又发布施行了《国务院关于在对外公务活动中赠送和接受礼品的规定》,进一步补充了"五条规定"。1994 年 3 月,中央纪委第三次全会又根据前期实施情况,再次重申了原先的"五条规定",同时提出了新的"五个不准",深化干部加强廉洁自律的针对性,等等。在干部的廉洁自律建设过程中,党中央强调高级干部的以身作则、强调自上而下的廉洁自律。江泽民指出:"在干部中,对领导干部要更严"[1],"党是整个社会的表率。党的各级领导同志又是全党的表率。以身作则,廉洁自律,是各级领导干部必须具备的品格,也是党和人民对他们的起码要求。"[2]因此,在廉洁自律过程中,要求"领导干部首先是高级干部要以身作则,模范地遵纪守法,自觉接受监督,抵制腐朽思想的侵蚀,做艰苦奋斗、廉洁奉公的表率,带领群众坚决同腐败现象作斗争"[3]。并且号召领导干部"更应该自重、自省、自警、自励,在各方面以身作则,树立好的榜样。要求别人做的,自己首先做到;禁止别人做的,自己坚决不做。有些事情群众能做,我们领导干部不能做。比如,夜总会、高级舞厅等高消费娱乐场所,我看我们领导干部还是不要去,要有这个自觉性"[4]。同时"各级党组织对领导干部要严格要求、严格管理、严格监督"[5]。

---

① 中共中央政策研究室、中共中央文献研究室编:《江泽民论加强和改进执政党建设》(专题摘编),中央文献出版社、研究出版社,2004 年,第 330 页。
② 中共中央政策研究室、中共中央文献研究室编:《江泽民论加强和改进执政党建设》(专题摘编),中央文献出版社、研究出版社,2004 年,第 332 页。
③ 江泽民:《高举邓小平理论伟大旗帜 把建设有中国特色社会主义事业全面推向二十一世纪:在中国共产党第十五次全国代表大会上的报告》,《人民日报》,1997 年 9 月 22 日。
④ 《江泽民文选》(第一卷),人民出版社,2006 年,第 456 页。
⑤ 中共中央政策研究室、中共中央文献研究室编:《江泽民论加强和改进执政党建设》(专题摘编),中央文献出版社、研究出版社,2004 年,第 332 页。

江泽民认为各级领导干部一定要在拒腐防变、反腐倡廉的斗争中起表率作用,要"严格要求自己,时刻注意检点自己的言行,以高尚的道德情操,为广大党员和干部树立好的榜样"①,争做"让人民高兴,使人民放心"的好干部。与此同时,在面临世纪之交发展的艰巨任务与严峻考验之际,为帮助党的干部在关键时期形成一种克服困难、战胜风险、同心同德、朝气蓬勃的精神面貌,要求从中央到地方的各级领导干部特别是高中级领导干部,都必须坚持"讲学习、讲政治、讲正气",树立正确的三观并以整风的精神贯穿"三讲"干部教育活动。"讲学习"是根据党的十五大精神以理论联系实际的方法学好邓小平理论,学习有利于社会主义建设的新知识、新技能,并在不断的学习中研究新情况、解决新问题;"讲政治"包括"政治方向、政治立场、政治观点、政治纪律、政治鉴别力、政治敏锐性"②等,是马克思主义科学理论指导下的"政治",是建设有中国特色社会主义的"政治",是在党的基本路线指引下的"政治";"讲正气"就是发扬中华民族的优良传统,而此时的最大正气便是全心全意为人民服务的宗旨。各级领导干部必须自觉树立正气,同以权谋私、拜金享乐、个人主义等歪风邪气作斗争。随着"三讲"教育在全党的持续深入,干部的作风得到明显改善,广大干部的拒腐防变的能力也得到提高,推动了这一时期干部道德建设的新高潮。

5. 坚持党要管党、从严治党的方针,将惩治腐败与弘扬正气相结合

1992 年 10 月 12 日中共召开十四大,在《加快改革开放和现代化建设步伐 夺取有中国特色社会主义事业的更大胜利》的报告中,江泽民提出:"坚持党要管党和从严治党,加强和改进党的建设,努力提高党的执政水平和领导水平,使我们这个久经考验的马克思主义的党,在建设有中国特色社会主

---

① 中共中央政策研究室、中共中央文献研究室编:《江泽民论加强和改进执政党建设》(专题摘编),中央文献出版社、研究出版社,2004 年,第 333 页。

② 中共中央宣传部编:《讲学习 讲政治 讲正气》,学习出版社,1996 年,第 317 页。

义的伟大事业中更好地发挥领导核心作用。"①在《努力建设高素质的干部队伍》一文中,他又明确指出:"党要管党,首先要管住领导班子和领导干部。从严治党,首先要治理好领导班子和领导干部"②,应注意历史的教训,清醒认识"历史上的腐败现象,为害最烈的是吏治的腐败"③。由此可见,这一时期党中央坚持党要管党、从严治党的方针,是从治党方针上根本强调了领导干部道德的重要性。坚决打击腐败分子,主要的级别较高、影响较大的落马官员包括陈希同、胡长清、成克杰等。同时,弘扬正气、注意培养干部的道德也是党中央关注的重点。改革开放后,我国的经济基础发生了很大变化,社会面貌也有了很大的改变,原有的干部道德规范内容已难以适应新时代的新挑战、新考验,同时现存干部队伍出现了一些消极的道德现象,一部分干部的道德思想状况出现波动甚至下滑,严重影响了干部队伍的形象。"一些领导干部,艰苦奋斗的精神越来越弱了,有的已经丢的差不多了,他们根本不讲理想,不讲信念,不讲道德,不讲纪律,不讲精神境界,个人主义、享乐主义恶性膨胀,铺张之风、奢华之风日甚一日。有个别老干部,也忘了当年入党参军、参加革命的誓言,经不起金钱物质的诱惑,栽了跟头,结果是晚节不保的。"④在《加强反腐败斗争,推进党风建设和廉政建设》一文中江泽民明确指出,"惩治腐败与扶持正气相结合。在坚决克服腐败现象、惩处腐败分子的同时,要大力宣传和表彰廉洁奉公、勇于同腐败现象作斗争的先进典型,弘扬勤政爱民、艰苦奋斗、乐于奉献的新风尚"⑤。总之,这一时期,我党坚持

① 中共中央政策研究室、中共中央文献研究室编:《江泽民论加强和改进执政党建设》(专题摘编),中央文献出版社、研究出版社,2004年,第559页。
② 中共中央政策研究室、中共中央文献研究室编:《江泽民论加强和改进执政党建设》(专题摘编),中央文献出版社、研究出版社,2004年,第559页。
③ 中共中央政策研究室、中共中央文献研究室编:《江泽民论加强和改进执政党建设》(专题摘编),中央文献出版社、研究出版社,2004年,第559页。
④ 《十四大以来重要文献选编》(中),人民出版社,1997年,第1130页。
⑤ 《十四大以来重要文献选编》(上),人民出版社,1997年,第409页。

党要管党、从严治党,惩治腐败与弘扬正气相结合来推进党的干部道德建设。

以江泽民同志为核心的党的第三代中央领导集体在继续推进改革开放、建设社会主义市场经济体制这一历史阶段,为保障党顺利通过跨世纪时期的各种考验,依据具体的党情国情,围绕"建设一个什么样的党"这个核心问题,努力推进中国特色的干部道德建设理论与实践,逐步确立法制思维下的干部道德建设路径。

(三)以胡锦涛同志为主要代表的党中央的干部道德建设的理论与实践

党的十六大到十八大期间,以胡锦涛同志为主要代表的党中央从改革开放二十多年来的实际党情国情出发,围绕"什么是发展,为什么发展以及怎样发展"的问题,提出"科学发展观",并坚持以这一马克思主义中国化最新成果为指导思想,解决在进一步改革开放过程中要面临的复杂矛盾问题。在此过程中,由于改革开放的巨大成就,我国经济实力大幅度提升、人民生活水平显著提高。同时,党的执政能力面临新情况新挑战,对改革发展与稳定的重大问题经验不足、一部分党员干部受到腐蚀,出现作风不正等问题。在党中央的共同努力下,干部道德建设在新时期得到持续推进。

1. 实践"三个代表"重要思想,发展新时期的群众路线

以胡锦涛同志为主要代表的党中央围绕践行"三个代表"重要思想坚定地推动新时期干部道德建设工作的发展与创新。胡锦涛认为,"三个代表"重要思想是对马克思列宁主义、毛泽东思想、邓小平理论的科学继承与丰富发展,中国共产党作为一个人民的政党,其根本目标是让人民获得幸福,因此党必须"始终是中国工人阶级的先锋队,同时是中国人民和中华民族的先锋队,始终是中国特色社会主义事业的领导核心,始终代表中国先进生产力

的发展要求,代表中国先进文化的前进方向,代表中国最广大人民的根本利益"①。党中央告诫全党同志要倍加珍惜党在长期奋斗和艰苦探索中取得的"三个代表"重要理论财富,将它视作全党的行为指南,推动党的各项事业的发展,赢得新世纪之初全面建设小康社会目标的实现。如深化干部人事制度改革,健全公务员制度,把那些政治上靠得住、工作上有本事、作风上过硬的干部选拔到各级领导岗位上来,并强调重视干部人才的道德素质部分。加强领导班子思想政治建设,反对和防止个人独断专行,反对好人主义、自由主义等,强调按照政治坚定、求真务实、开拓创新、勤政廉政、团结协调的要求,把各级领导班子建设成为坚强领导集体;坚定不移地在干部队伍中继续开展反腐败的斗争,建立健全防止利益冲突制度,形成有效预防腐败的长效机制并培养廉洁纯净的干部作风等。

在围绕践行"三个代表"重要思想以进一步推进新时期干部道德建设的过程中,胡锦涛创新性地提出了党的领导干部必须坚持"权为民所用、情为民所系、利为民所谋"的执政根本。他提出:"各级领导干部要坚持深入基层、深入群众,倾听群众呼声,关心群众疾苦,时刻把人民群众的安危冷暖挂在心上,做到权为民所用,情为民所系,利为民所谋。"②其中,"权为民所用"是基础,要求"必须正确看待和运用手中的权力,始终以党和人民的事业为重,为人民掌好权、用好权,用人民赋予的权力服务于人民、造福于人民,绝不以权谋私"③;"情为民所系"是动力,要求"必须坚持与人民群众心连心,始终把人民群众的安危冷暖挂在心上,倾听群众呼声,关心群众疾苦,切实

---

① 《十六大以来重要文献选编》(上),中央文献出版社,2005年,第38页。

② 胡锦涛:《坚持发扬艰苦奋斗的优良作风 努力实现全面建设小康社会的宏伟目标》,《人民日报》,2003年1月3日。

③ 中共中央文献研究室编:《论群众路线:重要论述摘编》,中央文献出版社、党建读物出版社,2013年,第92页。

帮助群众解决实际困难,绝不脱离群众"①;"利为民所谋"是目标,要求"必须时刻把群众利益放在首位,始终把维护好、实现好、发展好最广大人民的根本利益作为全部工作的出发点和落脚点,坚持一切为了群众、一切依靠群众,立志为人民做实事、做好事,绝不与民争利"②。胡锦涛曾指出:"领导干部要特别高度警惕、认真对待的一个问题,就是坚持执政为民、用权为民。我们的权力是党和人民赋予的,权力的大小与为人民服务的责任是密切相连的。共产党人无论在什么岗位上掌权、用权,都要想人民群众所想,急人民群众所急,办人民群众所需,真正做到全心全意为人民谋利益,坚定不移地维护人民群众的合法权益,无私无畏地同一切损害群众权益的现象作斗争,保持人民公仆的本色"③。由此可见,"权为民所用、情为民所系、利为民所谋"这一要求真正实践了"三个代表"重要思想,深刻体现了中国共产党作为真正的人民政党的根本价值,表达了顺民意、谋民利、得民心的执政追求,发展了新时期坚持群众路线的新要求,以与人民建立深厚感情为着力点,推进这一阶段干部道德建设工作的持续深入。

2.以科学发展观指导干部道德建设工作,构建以人为本下的"立党为公、执政为民"干部道德新内核

科学发展观,是应对市场经济发展过程中出现资源高消耗、生态遭到破坏、环境严重污染等危机所提出的,以可持续发展为核心理念的发展思路。在科学发展观的指导下,干部道德建设必须在科学、合理、可持续的道德价值观念之上,建构一个系统的、整体的、和谐的、可持续发展的、与时俱进的建设体系,以培养出一批能肩负发展大任的德才兼备的人民干部为目标。

---

① 中共中央文献研究室编:《论群众路线:重要论述摘编》,中央文献出版社、党建读物出版社,2013 年,第 92～93 页。
② 中共中央文献研究室编:《论群众路线:重要论述摘编》,中央文献出版社、党建读物出版社,2013 年,第 93 页。
③ 胡锦涛:《领导干部要带头增强党性》,《求是》,1995 年第 18 期。

在具体的道德行为规范与要求上,以科学发展观为指导的各级党政机关和全体党员、干部都要厉行节约、反对浪费,在建设资源节约型社会中发挥带头作用,如从自身做起,杜绝各种浪费行为特别是公款浪费行为,倡导健康文明的消费模式,引导合理消费与文明消费。同时各级干部要树立科学合理的政绩观,存德心、践德行,不以牺牲环境、人文精神等为代价盲目追求数字经济、数字政绩,片面追求经济增长、物质财富而不重视经济、政治与文化的协调发展,"要实事求是,按客观规律办事,坚持讲真话、办实事、求实效,不盲目攀比;要深入实际,深入群众,脚踏实地,艰苦奋斗,不搞花架子;要顾全大局、统筹兼顾,立足当前、着眼长远,不急功近利。一切工作都要经得起实践、群众和历史的检验,衡量政绩的最终标准是人民拥护不拥护、赞成不赞成、高兴不高兴、答应不答应"[1]。坚持以人为本,全面、协调、可持续的科学发展观,是"继承和发展党的三代中央领导集体关于发展的一系列重要思想,从新世纪新阶段党和国家事业发展全局出发提出的重大战略思想"[2]。在它的科学指导下,新时期的干部道德建设工作构建了以人为本观念下的立党为公、执政为民的干部道德新内核。科学发展观将以人为本作为社会发展的最高原则和最终目的,说到底就是尊重人民群众在历史中的主体性地位、社会的一切发展最终服务于人的全面发展,也就是谋求人类的幸福生活。中国共产党作为人民的政党,其出发点与根本目标也是"要始终把群众的利益放在第一位"[3]。胡锦涛在《党的十六届三中全会第二次全体会议上的讲话》中提出:"要坚持立党为公、执政为民,把实现好、维护好、发展好人民群众的根本利益作为自己思考问题和开展工作的根本出发点和落脚点,

---

① 中共中央文献研究室编:《论群众路线:重要论述摘编》,中央文献出版社、党建读物出版社,2013年,第95~96页。

② 《十六大以来重要文献选编》(中),中央文献出版社,2006年,第235页。

③ 中共中央文献研究室编:《论群众路线:重要论述摘编》,中央文献出版社、党建读物出版社,2013年,第93页。

忠实地贯彻执行党的群众路线,当好人民公仆。"①坚持科学发展观下的干部道德内核必然要求立党为公、执政为民。它强调各级领导干部以全心全意为人民服务的宗旨意识,不断加强干部的党性教育与道德修养,因为"领导干部作风问题不解决好,科学发展观就很难落到实处。那种因循守旧、不思进取的做法,那种违背规律、盲目蛮干的做法,那种只看眼前、不顾长远的做法,那种畸轻畸重、忽视协调的做法,那种热衷于做表面文章、搞花架子的做法,那种好大喜功、脱离实际的做法,都是与科学发展观的要求、科学发展的目标格格不入的"②。它要求领导干部在思考决策、制定政策时必须充分考虑群众利益、充分尊重群众意愿,以人民利益为根本出发点统筹协调各方面利益关系,坚持"问政于民、问需于民、问计于民",切实维护、保障好人民的经济、政治、文化、社会等各方面利益。此外,在干部队伍建设中,要求各级干部继承和发扬党的优良传统和良好作风,艰苦奋斗、勤俭节约,努力当好"人民公仆"。

3. 不断丰富与发展新时期的干部道德新内容、新规范

其一,"三个清醒""四个牢记"下的"艰苦奋斗"。进入新世纪,党的事业面临更多考验与挑战。胡锦涛同志特别强调要继承与发扬党的优良传统,尤其是要更加注意发扬艰苦奋斗的作风。他向全体党员与各级领导干部发出了"三个清醒"要求:"清醒地看到激烈的国际竞争给我们带来的严峻挑战,清醒地看到我们肩负的任务的艰巨性和复杂性,清醒地看到我们工作中存在的困难和风险,增强忧患意识,居安思危,深刻认识艰苦奋斗的极端重要性。"③这是中国共产党领导集体面对新的党情国情,仍然保持最清醒的

---

① 中共中央文献研究室编:《论群众路线:重要论述摘编》,中央文献出版社、党建读物出版社,2013 年,第 94 页。

② 《十六大以来重要文献选编》(下),中央文献出版社,2011 年,第 869 页。

③ 胡锦涛:《坚持发扬艰苦奋斗的优良作风　努力实现全面建设小康社会的宏伟目标》,《人民日报》,2003 年 1 月 3 日。

认识，深刻理解新时期干部道德内容——"艰苦奋斗"这一珍贵品质。与此同时，为了确保领导干部的"道德不变质"，加强艰苦奋斗精神的实践锻炼，真正认识到"一个没有艰苦奋斗精神作支撑的民族是难以自立自强的；一个没有艰苦奋斗精神作支撑的民族是难以发展进步的；一个没有艰苦奋斗精神作支撑的民族是难以兴旺发达的"①，胡锦涛又提出"四个牢记"："牢记我国的基本国情和我们党的庄严使命，树立为党和人民长期艰苦奋斗的思想；牢记全心全意为人民服务的宗旨，始终不渝地为最广大人民谋利益；牢记党的基本理论、基本路线、基本纲领和基本经验，以艰苦奋斗的精神做好各项工作；牢记党和人民的重托和肩负的历史责任，自觉在艰苦奋斗的实践中加强党性锻炼。"②胡锦涛同志认为，"在新的历史条件下，能不能坚持发扬艰苦奋斗的优良作风，能不能经受住权力、金钱、美色的诱惑，对每个党员特别是领导干部都是一个现实的考验"③。并且无数历史事实、经验也充分说明了"大力弘扬艰苦奋斗的精神，关键是领导干部要以身作则，首先是高级领导干部要率先垂范"④。总之，胡锦涛同志在"三个清醒"与"四个牢记"下提出的"艰苦奋斗"，是基于新世纪国情、世情的深刻洞见，是在看到了"这些年来，一些拜金主义、享乐主义、奢靡之风在党员队伍和干部队伍中有滋长蔓延之势，艰苦奋斗的优良作风在一部分党员、干部那里被淡忘了，在少数人那里甚至被丢得差不多了"⑤的残酷现实之后对党的干部要继续发扬艰苦奋

---

① 胡锦涛：《坚持发扬艰苦奋斗的优良作风 努力实现全面建设小康社会的宏伟目标》，《人民日报》，2003 年 1 月 3 日。

② 胡锦涛：《坚持发扬艰苦奋斗的优良作风 努力实现全面建设小康社会的宏伟目标》，《人民日报》，2003 年 1 月 3 日。

③ 胡锦涛：《坚持发扬艰苦奋斗的优良作风 努力实现全面建设小康社会的宏伟目标》，《人民日报》，2003 年 1 月 3 日。

④ 胡锦涛：《坚持发扬艰苦奋斗的优良作风 努力实现全面建设小康社会的宏伟目标》，《人民日报》，2003 年 1 月 3 日。

⑤ 胡锦涛：《坚持发扬艰苦奋斗的优良作风 努力实现全面建设小康社会的宏伟目标》，《人民日报》，2003 年 1 月 3 日。

斗传统的谆谆告诫。

其二,新的干部道德规范:八荣八耻。新的历史条件下,面对越来越严重的道德滑坡现象,党的第四代领导集体提出了社会主义荣辱观——八荣八耻:坚持以热爱祖国为荣、以危害祖国为耻,以服务人民为荣、以背离人民为耻,以崇尚科学为荣、以愚昧无知为耻,以辛勤劳动为荣、以好逸恶劳为耻,以团结互助为荣、以损人利己为耻,以诚实守信为荣、以见利忘义为耻,以遵纪守法为荣、以违法乱纪为耻,以艰苦奋斗为荣、以骄奢淫逸为耻。这不仅是面向全社会倡导的公民社会道德新规范,更是干部道德最基本的内容,是每一个党员干部必须遵守的最基础的社会道德规范。所谓"群众看党员,党员看干部",干部无论处在岗位上还是平时生活中,都有着影响力极为强大的示范作用,干部队伍是否能践行八荣八耻,决定着整个道德建设的走向。领导干部讲排场、摆阔气,群众就不免滋生攀比、享乐之风;领导干部贪污受贿、包庇袒护,群众就不免行贿、攀关系;领导干部是非扭曲、黑白不分、禁不住诱惑,群众就不免世界观、人生观、价值观混乱。因此,要在群众中形成正确的是非观、荣辱观,加强社会的整体道德建设,就必须在干部队伍中首先形成"八荣八耻"的好风气,干部能自上而下地倡导、率先垂范,从而在整个社会形成积极的道德氛围,并最终实现道德建设的目标;同时"八荣八耻"作为公民的基本道德规范,更是最为基本的干部道德规范,是干部道德建设的重要内容。因此,在干部队伍中倡导"八荣八耻",鼓励干部成为践行"八荣八耻"的道德模范,将"八荣八耻"作为干部道德建设最基本的内容规范之一,是这一时期干部道德建设的又一理论新成果。

4.开展新一轮的三观教育以提高干部道德能力

市场经济的发展为我国带来了翻天覆地的变化,不仅有经济上的迅速发展,还有各种价值观的泛滥,包括一些消极的观念如拜金主义、享乐主义、奢靡之风、极端个人主义等,时刻考验着我们的人民干部。有资料显示,"有的干部在痛恨腐败的同时,又不愿意自己的日子过得太清苦,他们虽然敬重孔繁森等模范人物,但自己并不愿意成为这样的人物,在廉洁从政上不愿意从自己做起,不愿意做'清官';有的干部愿意结交个体户、私营企业主、外商和大款,不愿意同普通老百姓特别是困难群众做朋友,而且在人际关系中受利益驱动要求回报的明显增加;有的'学而不信''说而不信',在公开场合讲理论头头是道,在私下里却说'这些东西都是空的,只有钞票才是实实在在的'"①。这些现象无不反映出党内部分干部在世界观、人生观、价值观等思想层面上已经出现了问题,进而形成了扭曲的权力观、地位观、利益观。因此,在改进干部作风、加强干部道德建设过程中,党中央充分意识到了作为改革开放引领者的各级干部一旦三观不正的危险性,于是不断强调加强干部的党性锻炼,在牢固树立正确的世界观、人生观、价值观这个根本问题上多下功夫。胡锦涛强调指出:"我们共产党人的世界观和人生观,以实现共产主义的伟大理想为精神支柱,以为党和人民的事业无私奉献、全心全意为人民谋利益、推动人类社会历史不断进步作为自己人生最崇高的追求和最大的价值……要树立和坚持的是马克思主义的辩证唯物主义和历史唯物主义的世界观、人生观、价值观,这是有史以来最科学的世界观和最高境界的人生观、价值观。"②因此,在加强党的执政能力建设、提高干部道德素质的过程中,要注重培养干部树立正确的三观,使他们"变得精神高尚、眼界开阔、胸怀坦荡、生活充实,就能够坚持正确的政治方向,科学地观察事物、判断形势、分析问题,在胜利和顺境时不骄不躁,在困难和挫折面前不消沉、不动摇,经受住各种风浪的考验,他就会彻底冲破追逐一己私利的精神牢笼,在亿万人民创造历史的广阔天地里找准自己的位置,为国家、为社会、为民族、为集体的

---

① 张蔚萍:《面向新世纪的思想政治工作》,中共党史出版社,2003年,第233~234页。
② 胡锦涛:《领导干部要带头增强党性》,《求是》,1995年第18期。

利益奋不顾身地工作,毫无保留地贡献自己的聪明才智和毕生精力"①。

5.坚持"制度反腐"与"系统反腐"相结合,构建全面科学的惩治和预防腐败体系为干部道德建设保驾护航

"制度反腐"是在党的第三代领导集体时期就已经初步确立的依靠制度惩防腐败问题的思路,自党的十六大以来,"制度反腐"又迈出了更为坚实的步伐。如2003年12月颁布的《中国共产党党内监督条例(试行)》与2004年9月颁布的《中国共产党党员权利保障条例》,以及《党政领导干部选拔任用工作监督检查办法(试行)》《公开选拔党政领导干部工作暂行规定》《关于中共中央纪委派驻纪检组履行监督职责的意见》等,进一步完善了党内监督法规体系;2004年《国有企业领导人廉洁从业若干规定(试行)》、2005年《中华人民共和国公务员法》、2006年《关于党员领导干部述职述廉的暂行规定》、2007年《行政机关公务员处分条例》《中共中央纪委关于严格禁止利用职务上的便利谋取不正当利益的若干规定》等,这一系列法律法规逐步完善了规范干部的从政行为、促进廉洁自律的制度体系;2003年《中国共产党纪律处分条例》《关于纪检监察机关和审计机关在查处案件中的相互协作配合的通知》以及其他一些相关违反规定后的处理条令、办法、意见等,这一系列法律法规完善了针对干部违法乱纪行为的惩处体系。自党的十六大来,"五年间,中央纪委、监察部共备案审查地方法规文件1500余件,审议规范性文件600余件,维护了反腐倡廉法制的统一性和权威性"②。不仅如此,法规制度建设呈现体系化倾向,逐步改变以前存在的孤立、分散、应对性及应时性的特点,向长效性、引导性、系统性及规范性方向发展。如避免以前大量存在的"意见""通告""通知""指示""决定"等为名的法规,更注重以"条

---

① 胡锦涛:《领导干部要带头增强党性》,《求是》,1995年第18期。
② 转引自徐家林、邓纯余、陈静、卞莉莉:《中国共产党反腐倡廉建设史论》,中国方正出版社,2009年,第298页。

例""办法"和"规定"等形式的出台。2006 年 1 月胡锦涛在中纪委第六次全会上强调指出:"进一步加强制度建设,加强以党章为核心的党内法规制度体系建设,着力提高制度的科学性、系统性、权威性。"①这里首次提出的"党内法规制度体系建设",对制度建设的进一步体系化、系统化起着重大的指导意义。与此同时,在反腐倡廉的工作中,根据党提出的"坚持标本兼治、综合治理、惩防并举、注重预防,抓紧建立健全与社会主义市场经济体制相适应的教育、制度、监督并重的惩治和预防腐败体系"思路,党中央于 2005 年 1 月正式颁布了《建立健全教育、制度、监督并重的惩治和预防腐败体系实施纲要》,该纲要指出,"到二〇一〇年,建成惩治和预防腐败体系基本框架。再经过一段时间的努力,建立起思想道德教育的长效机制、反腐倡廉的制度体系、权力运行的监控机制,建成完善的惩治和预防腐败体系"②。2007 年 9 月 13 日,我国正式成立国家预防腐败局,这是我国第一次设立国家级的预防腐败的专门机构。党的十七大以后党中央又颁布《建立健全惩治和预防腐败体系 2008—2012 年工作规划》。2010 年底国家又首次发布《中国的反腐败和廉政建设》白皮书,表明坚定不移推动反腐败与廉政建设的决心。白皮书指出:"中国国家统计局的民意调查结果显示,2003 年至 2010 年,中国公众对反腐败和廉政建设成效的满意度平稳上升,从 51.9% 提高到 70.6%;公众认为消极腐败现象得到不同程度遏制的比例,从 68.1% 上升到 83.8%。国际社会也给予积极评价。"胡锦涛同志曾指出:"要通过制度保证,使勤政为民、求真务实的干部得到褒奖,使好大喜功、弄虚作假的干部受到惩戒,在全党特别是领导干部中形成勤政为民、踏实苦干的浓厚风气。"③这一时期,结合"制度反腐"与"系统反腐",党内反腐斗争有了突破性的进步,纯净了党

① 《胡锦涛在中纪委第六次全体会议上的讲话》,《人民日报》,2006 年 1 月 7 日。
② 《十六大以来重要文献选编》(中),中央文献出版社,2006 年,第 537 页。
③ 《十六大以来重要文献选编》(上),中央文献出版社,2005 年,第 511 页。

内政治环境,为干部道德建设保驾护航。

第二节　党的干部道德建设历程中的历史经验

历史上的干部道德建设,是新时期继续前行的基石。因此,我们应用唯物、辩证的眼光对待历史,仔细辨别、认真参鉴,去粗存细、去伪存真,剔其糟粕、取其精华,梳理、总结出充满智慧的经验,为全面深化改革背景下的干部道德建设贡献力量。

一、党的干部道德建设以思想建设为核心

党的干部道德建设以思想建设为核心,原因有二:一是建党之初面临各种思想的干扰与影响,包括各种非马克思主义的错误思想,如小农思想、自由资本主义思想、封建落后思想、"左""右"倾主义错误思想等,历史进程中也的确发生过因思想路线的偏离而导致革命事业遭受挫折的教训。因此,作为中国的马克思主义政党,必须加强"思想建党",避免受到其他错误思想的误导而遭至事业的失败。二是党的历史表明,党内成员难免受到各种各样的错误思想侵蚀,从而表现出来理想信念丢失、背弃道德以至腐败的现象。"思想蜕化变质,是一些人堕落为腐败分子的根本原因。"①为保证党的肌体健康,提升干部道德素质,必须坚定地反对一切旧思想、错误思想、腐败思想,坚决贯彻马克思主义的思想作风以加强思想建设。1942 年 7 月 9 日,毛泽东

---

① 《十六大以来重要文献选编》(中),中央文献出版社,2006 年,第 598 页。

在给刘少奇的指示电中指出:"掌握思想领导是掌握一切领导的第一位。"①
1925 年 12 月 25 日,邓小平也在《贯彻调整方针,保证安定团结》中强调,要
"改善党的领导,其中最主要的,就是加强思想政治工作"②。2001 年 8 月 31
日,江泽民在国防大学军队高级干部理论研讨班上指出:"重视在思想上建
党,是我们党的一条重要政治经验。"③胡锦涛指出:"要以思想政治建设为重
点,坚持德才兼备,注重政治素质,配备好宣传思想战线各级领导班子,特别
是要选好第一把手,确保领导权牢牢掌握在忠于党、忠于人民的人手中。"④
党的历程及事实证明,必须把思想建设作为党的各项工作的第一大任务。
在干部道德建设工作中,就是要大力发展以思想建设为核心的干部道德建
设,坚持实事求是、解放思想、与时俱进的正确思想路线,不断加强党的意识
形态领域建设,毕竟"思想文化阵地,马克思主义、无产阶级的思想不去占
领,各种非马克思主义、非无产阶级的思想甚至反马克思主义的思想就会去
占领"⑤。同时,创新思想建设的工作方法,加强广大干部的理想信念教育、
自觉抵制各种侵蚀,从而正本清源、固本培元,永葆共产党人的政治本色。

二、党的干部道德建设以制度建设为保障

制度,一般是指组织在组成和运作过程中,所依据的带有强制性的原
则、规则、体制以及程序的总和。党在长期的实践过程中,将一些被全党认
可的、体现全党普遍意志与共同利益的发展规律、治党经验与优良传统等,
规范化、条文化后形成具有权威性的党内制度与法规,用以调整党内关系、

---

①《毛泽东文集》(第二卷),人民出版社,1993 年,第 435 页。
②《邓小平文选》(第二卷),人民出版社,1993 年,第 365 页。
③《江泽民文选》(第三卷),人民出版社,2006 年,第 333 页。
④《十六大以来重要文献选编》(下),中央文献出版社,2011 年,第 687 页。
⑤《江泽民文选》(第三卷),人民出版社,2006 年,第 97 页。

规范党员行为、维持组织秩序、激发党的活力等。因此,制度建设有全局性、根本性、稳定性与长期性的显著特征,它将为干部道德建设的各个方面提供坚强保障。综观党的干部道德建设历程,也曾有一段时间,在提升干部道德工作中幻想一味地道德灌输、采用急风骤雨的带有群众运动性的错误方式,忽视法规、制度建设而导致工作挫败,留下惨痛的教训,如"文化大革命"时期的干部道德建设工作。然而更为重要的经验则是一直强调制度建设的重要性,并在实际工作中不断完善各项制度建设。开国领袖毛泽东早就认识到制度的重要性,指出"光批评,光从思想上解决问题不行,还要研究解决制度问题。人是生活在制度之中,同样是那些人,实行这种制度,人们就不积极,实行另外一种制度,人们就积极起来了……人是服制度不服人的"①。同时在新中国成立后大力推动实际工作约束干部行为的相关法制建设,如颁布并实施"三大纪律,八项注意"、加强党的监察工作与纪律检查制度以及立法工作;建设政府机关的廉政制度,如建立工作检查汇报制度、压缩不正当的消费等。改革的开创者邓小平确立了"制度决定论"的思想,屡次强调"领导制度、组织制度问题更带有根本性、全局性、稳定性和长期性"②。由此针对仍然薄弱的制度建设,奋发图强、着手完善,如建立群众联系制度、健全党的民主集中制、完善干部考核制度、加强廉政制度建设、法制反腐等,还颁布实施了一系列法律文件。从党的第三代领导集体到第四代领导集体,确立"以德治国"与"依法治国"并举的治国理念,以强劲的法治思维贯穿干部道德建设各方面工作,真正实现制度建设的强大保障作用。据统计,"改革开放三十多年来,中央与地方颁布的廉政制度共有3000多项,从而建筑了一个

---

① 逢先知、金冲及主编:《毛泽东传(1949—1976)》(上),中央文献出版社,2003年,第472～473页。

② 《邓小平文选》(第二卷),人民出版社,1994年,第333页。

世界上最庞大的制度体系"①。这是党不断加强制度建设的成果,它们的强制性与严肃性、权威性,保障了党各方面工作的顺利开展。干部道德建设工作必须继承这一宝贵财富,坚持制度管权、制度管事、制度管人,并继续在领导制度、组织制度、生活制度、工作制度、监督制度等方面探索更为完备、科学、务实的整体制度体系,为干部道德建设的全面深化提供最坚强的保障。

三、党的干部道德建设以理论创新为动力

建党初期,党内曾一度出现马克思主义教条化以及"唯苏唯上"的"右"和"左"的错误思想,造成了革命的重大挫败,严重损害了党的生命力。以毛泽东同志为代表的中国共产党人,在总结失败教训的过程中,将中国革命具体实际情况与马克思主义基本原理相结合,找到了适合中国国情的革命道路,创新性发展出了马克思主义中国化的第一个重要理论成果——毛泽东思想,并最终在它的指导下取得革命的胜利、迎来新中国的成立。同时,这一时期以毛泽东思想为指导的干部道德建设,发展了中国特色的干部道德内容,开启了实事求是的探索历程。20世纪70年代中后期,世界形势已经发生了重大变化,传统的社会主义建设模式受到挑战,邓小平坚持实事求是、解放思想,把马克思主义同当代中国的社会主义建设实践相结合,围绕"什么是社会主义、怎样建设社会主义"这个问题,形成邓小平理论,开拓了马克思主义新境界。同时,这一时期以邓小平理论为指导的干部道德建设,以改革开放激发活力,焕发党内干部道德建设新生机。20世纪80年代末、90年代初,国际形势再度风云变幻。以江泽民同志为代表的中国共产党人继承前人又突破成规,围绕"建设什么样的党、怎样建设党"的核心问题,以

① 邓频声等:《中国特色反腐倡廉道路研究》,时事出版社,2011年,第165页。

创新的眼光再一次发展出新的马克思主义中国化的重大成果——"三个代表"重要思想,深化了共产党执政规律的科学理解。同时,这一时期在"三个代表"重要思想指导下的干部道德建设,从"代表最广大人民的根本利益"出发,确立更加清晰的"人民公仆"干部道德价值标准,进入突破发展的阶段。21世纪初,以胡锦涛同志为代表的中国共产党人面临改革开放二十多年来经济迅速发展、人民生活水平迅速提高,而资源消耗过大、发展方式粗放、环境受到破坏等各种困扰,面对"实现怎样的发展、怎样发展"的难题,提出"科学发展观",给中国的发展指明方向,是与时俱进的马克思主义中国化又一重大理论创新成果。同时,这一时期的干部道德建设,在"科学发展观"的指导下坚持以人为本,构建立党为公、执政为民的干部道德根本要求,进入全面推进的阶段。邓小平曾指出:"一个党,一个国家,一个民族,如果一切从本本出发,思想僵化,迷信盛行,那它就不能前进,它的生机就停止了,就要亡党亡国。"①对于马克思主义政党来说,思想理论的创新是党永葆生机的根本条件,是党保持先进并迸发活力的决定性因素。因此,"实践基础上的理论创新是社会发展和变革的先导。通过理论创新推动制度创新、科技创新、文化创新以及其他各方面的创新,不断在实践中探索前进,永不自满,永不懈怠,这是我们要长期坚持的治党治国之道"②。也就是说,干部道德建设要大力推进理论创新工作,要根据实践的要求不断进行理论创新,使干部道德建设的全部理论和工作体现时代性、把握规律性、富于创造性,不断增强干部道德建设的生机活力。

---

① 《邓小平文选》(第二卷),人民出版社,1994年,第143页。
② 《江泽民文选》(第三卷),人民出版社,2006年,第537~538页。

四、党的干部道德建设以关键少数为抓手

在长期的革命和建设实践中,中国共产党充分认识到:要搞好干部道德建设,必须首先搞好"关键少数"(或称高级干部)的道德建设,使其率先垂范、身体力行,形成自上而下的良好干部道德养成氛围。首先,在党的几代领导人的理论思想中,多次强调"高级干部"这个群体道德建设的首要性。如邓小平指出:"为了整顿党风,搞好民风,先要从我们高级干部整起"[①],"领导干部,特别是高级干部以身作则非常重要。群众对干部总是要听其言、观其行的"[②]。江泽民指出:"领导干部首先是高级干部要以身作则,模范地遵纪守法,自觉接受监督,抵制腐朽思想的侵蚀,做艰苦奋斗、廉洁奉公的表率,带领群众坚决同腐败现象作斗争。"[③]其次,在干部道德建设历程中,以高级领导干部为主体的"关键少数"始终是重点建设对象。例如早期的延安整风运动即从整顿高级干部作风入手,进而发展成全党范围内的整风运动,结束时又是以高级干部总结经验教训完结,并且全程都强调高级干部为重点教育对象。改革开放以来一直坚决反对"特权思想",也是针对高级领导干部的特殊化思想问题。1998 年开展的"三讲"教育活动,是针对全国县级以上党政领导班子、领导干部开展的党性党风教育活动。2004 年底启动的持续一年半时间的保持党员先进性教育活动,也始终把领导干部作为紧抓不放的重点对象。再次,建党以来的各类干部道德建设相关法规条令中,有一些专门针对高级干部制定实施的,以加强对高级干部的约束。如 1952 年 2

---

① 《邓小平文选》(第二卷),人民出版社,1994 年,第 219 页。
② 《邓小平文选》(第二卷),人民出版社,1994 年,第 124 页。
③ 江泽民:《高举邓小平理论伟大旗帜 把建设有中国特色社会主义事业全面推向二十一世纪:在中国共产党第十五次全国代表大会上的报告》,《人民日报》,1997 年 9 月 22 日。

月发布的《中央关于县委书记、县长以上干部在"三反"运动中和每年年终作自我检讨的决定》,是党内较早的相关条令。1954 年 8 月发布的《中央军委及总政治部关于制止某些高级干部腐化堕落违法乱纪行为的指示》,通过通报几位高级干部的恶劣行为并作出处罚,警示全党高级干部并强调进一步加强对高级干部的领导与监督。1979 年 11 月,中共中央、国务院印发的《关于高级干部生活待遇的若干规定》,从宿舍、房租和水电费、家具和生活用具、交通工具、服务人员、出差、出国和外出休养、文化娱乐、不请客送礼、食品定点供应、遗属的生活安排等方面作出细致规定,号召党的各级干部尤其是高级干部发扬艰苦奋斗的优良传统与良好作风,率先垂范、以身作则,与全国人民一起同甘共苦、同心同德,共赴"四化"建设。其他还有包括针对"一把手"的规章法令等。正所谓"上有所好,下必甚焉"。干部道德建设重视关键少数,能形成自上而下的道德正能量,发挥巨大的道德标杆作用。

回顾党的建设历程,我们可以从中总结出很多有益的宝贵经验:干部道德内容上始终坚持共产主义道德理想信念、坚定以全心全意为人民服务的公仆意识、廉洁奉公、艰苦奋斗,等等;建设手段上如始终从严治党、严明党纪、时刻加强党的作风建设、重视干部的思想政治教育工作、强调不断学习、重视自律的作用、以实事求是、与时俱进的态度指导并开展工作、将干部的道德建设工作与反腐败斗争结合起来、结合制度、法律等多种力量共同建设等。同时,也存在一些不足之处,比如手段仍然过于单一,尤其是强制性的手段、制度的力量运用不够,导致对道德底线的防范过少;干部道德教育的内容、手段仍然显得单一、呆板,有待改进;等等。

第四章 全面深化改革下干部道德建设的现状分析

第一节 党的十八大以来干部道德建设的理论与实践

党的十八大以来，以习近平同志为核心的党中央在改革的新的重要关头，面临国内外环境已经发生了极为深刻的变化，各方面矛盾激化、利益关系复杂化，经济、社会、文化要获得进一步发展必须激发新的动力以解决前进道路上的不少困难与难题等，改革的各项事业进入了攻坚期与深水区。面对"全面深化改革"的战略布局，我党要求主动加强自身建设，在险恶的战局中坚持贯彻"党要管党、从严治党"，努力做好新形势下的干部道德建设工作，改善党的执政能力，直击积弊、扶正祛恶，从而开创党风政风新局面、新气象，保障全面深化改革的顺利进行。

一、坚持"依规治党和以德治党相统一"

习近平总书记曾在党的第十八届中央纪律检查委员会第六次全体会议上指出："我们深入研究探索，汲取全党智慧，坚持依规治党和以德治党相统一，坚持高标准和守底线相结合，把从严治党实践成果转化为道德规范和纪律要求。"①这是党第一次正式提出"依规治党和以德治党相统一"，是针对新的历史条件、新的执政要求所选择的正确治党方针，确立了全面深化改革下进行干部道德建设工作的根本思路。"依规治党"强调治党的党纪党规，它以其权威性与强制性规范党组织、党员的言行。"无规矩不成方圆"，党经过长期实践探索，现在已经逐步形成了一整套层次清晰、运行有效的党内规则制度体系，包括党章、准则、条例、规则、规定、办法、细则等 7 种类型。"党的纪律是刚性约束，政治纪律更是全党在政治方向、政治立场、政治言论、政治行动方面必须遵守的刚性约束。国家法律是党员、干部必须遵守的规矩。党在长期实践中形成的优良传统和工作惯例也是重要的党内规矩。纪律是成文的规矩，一些未明文列入纪律的规矩是不成文的纪律；纪律是刚性的规矩，一些未明文列入纪律的规矩是自我约束的纪律。我们党在长期实践中形成的优良传统和工作惯例，经过实践检验，约定俗成、行之有效，需要全党长期坚持并自觉遵循。"②党不仅强调了纪律的重要性，而且在实际工作中推进"依规治党"，持续完善各类法规法令，做到"有法有规可依"。例如，及时修改《中国共产党纪律处分条例》，把党章对纪律的要求整合成政治纪律、组

---

① 习近平：《在第十八届中央纪律检查委员会第六次全体会议上的讲话》，《人民日报》，2016 年 5 月 3 日。

② 《深化改革巩固成果积极拓展，不断把反腐败斗争引向深入》，《人民日报》，2015 年 1 月 14 日。

织纪律、廉洁纪律、群众纪律、工作纪律、生活纪律各个方面,对每项纪律列出了负面清单及相应的处分办法,为党员、干部界定清晰的纪律底线;发起"两学一做"学习教育,把"学党章知党规"作为党员、党员干部学习的一项重要内容,强调在实践中深化党章意识,帮助干部遵守党章、维护党章的权威性与严肃性,等等。2016年1月12日,习近平总书记在党的第十八届中央纪律检查委员会第六次全体会议上指出:"各级党委要在思想认识、方法措施上跟上全面从严治党战略部署,把纪律挺在前面,发现问题就要提提领子、扯扯袖子,使红红脸、出出汗成为常态。对问题严重的,就要打手板、敲警钟,该组织处理的组织处理,该纪律处分的纪律处分。"①"动真格"的"依规治党",是一股最强的力量,为干部行为设置一条固若金汤的道德底线。与此同时,"以德治党"作为优良传统,依然承载着中国共产党的执政理想、信念与道德追求,以道德的感召力不断激发党员干部的思想觉悟,积聚执政的民心基础与道义优势。坚持依规治党与以德治党相统一,顺应规则法治意识极强的新时期干部道德发展要求,助力全面深化改革。

二、以"打铁还需自身硬"开启新时期的作风建设

面对新时期的各种执政考验与挑战,以及干部队伍出现的一些消极现象,习近平总书记向全党发出号召:"打铁还需自身硬",要求必须依靠自身过强、过硬的本领与人格魅力战胜精神懈怠、消极腐败、脱离群众等危险,汇聚一切力量建设国家的伟大事业。所谓"自身硬",既有业务技能本领的要求,又强调道德素质,从而持续葆有战斗力、凝聚力、创造力,领导好全面深

---

① 习近平:《在第十八届中央纪律检查委员会第六次全体会议上的讲话》,《人民日报》,2016年5月3日。

化改革的伟大事业。在作出"打铁还需自身硬"的庄严承诺后,开启一系列思想作风建设。其一是"筑牢拒腐防变的思想道德防线"强调干部的底线思维。在长期的反腐败斗争中,"破山中贼易,破心中贼难",党认识到抵御腐败、抗击腐败以及惩治腐败,既是一场攻坚战,也是一场攻心战。它要求在干部队伍的"心上"进行一场深层次的清洗活动,就是要求全体党员、领导干部心中筑起一道"拒腐防变的思想道德防线",从心底里就拒绝腐败、反对腐败,是最基本的道德底线。习近平总书记曾多次强调"底线、红线、生命线、防线、戒惧、敬畏"等关键词,就是要求我党领导干部至少要有最基本的道德底线,才能拒绝腐败、保持纯洁。"干部廉洁自律的关键在于守住底线。只要能守住做人、处事、用权、交友的底线,就能守住党和人民交给自己的政治责任,守住自己的政治生命线,守住正确的人生价值观。"[①]其二是提出改进工作作风、密切联系群众的八项规定,锲而不舍地纠"四风"树新风。作风问题关系着党和群众的血肉联系,这一时期将整治"四风"作为一项基础性长期性工作抓常抓实。党的十八大以来,中央对各地各部门集中整治了违规吃喝、收送贵重礼品礼金、公款旅游等涉及不良作风的问题,深挖各种形式的"四风"问题,坚决与形式主义、官僚主义、享乐主义等党和国家事业发展的大敌作斗争。中央政治局率先垂范,全党自上而下,按照"照镜子、正衣冠、洗洗澡、治治病"的总要求密切联系群众,以整风精神开展活动,对作风之弊、行为之垢进行大排查、大检修、大扫除,凝聚改革发展所需的正能量。其三是动真格地严肃处理各种违反中央八项规定精神的各种作风问题,坚决贯彻全面从严治党,保障作风建设的成效。2013 年至 2017 年,各级纪检监察机关紧盯享乐主义和奢靡之风,共查处违反中央八项规定精神问题

---

①　中共中央纪律检查委员会、中共中央文献研究室编:《习近平关于党风廉政建设和反腐败斗争论述摘编》,中国方正出版社、中央文献出版社,2015 年,第 139 页。

18.9 万起,处理党员干部 25.6 万人。① 党的十九大以来,查处各种违反中央八项规定精神问题的力度持续加大,仅 2021 年一年,全国共查处违反中央八项规定精神问题 10 万起,批评教育帮助和处理 15 万人,其中党纪政务处分 10 万人。严厉的查处工作保障了作风建设的成果,中央八项规定也成为新时代党的作风建设的"金色名片"。

三、丰富和发展新时期的干部道德规范与要求

2013 年 6 月,习近平总书记在全国组织工作会议上提出了好干部的五条标准:信念坚定、为民服务、勤政务实、敢于担当、清正廉洁。② 新发展的五条好干部标准,真正反映了新的时期与时俱进的干部道德素质要求,是新时期发展着的干部道德内容。2014 年 10 月,习近平总书记对云南工作作出重要指示并要求党员干部"对党忠诚、个人干净、敢于担当":忠诚是要求心中有党、对党忠诚;干净则是清正廉洁、一尘不染;担当是牢记责任、恪尽职守。三者有机统一,缺一不可,丰富了新的好干部标准。2015 年 1 月,习近平总书记在与中央党校县委书记研修班学员座谈时,对作为学员的县委书记提出了"心中有党、心中有民、心中有责、心中有戒"的重要,是新常态下好干部标准的又一个新刻度。重视中青年干部的能力素养,2021 年习近平总书记提出"信念坚定、对党忠诚""注重实际、实事求是""勇于担当、善于作为""坚持原则、敢于斗争""严守规矩、不逾底线""勤学苦练、增强本领"的要求,为党培养"可堪大用、能担重任的栋梁之材"③。习近平总书记不仅指明了新时

---

① 《十八届中央纪律检查委员会向中国共产党第十九次全国代表大会的工作报告》,《人民日报》,2017 年 10 月 30 日。

② 《建设一支宏大高素质干部队伍,确保党始终成为坚强领导核心》,《人民日报》,2013 年 6 月 30 日。

③ 《习近平谈治国理政》(第四卷),外文出版社,2022 年,第 522～535 页。

期的好干部标准,还回答了"怎样成长为好干部?""怎样把好干部用起来?"等问题。习近平总书记认为好的干部不会自然产生,而要靠自身努力与组织培养,其中就特别强调对道德品质的培养。"把好干部用起来"则要遵循"群贤毕至""见贤思齐"的规律,强调"以德为先"的选人用人的标准,把德能作为选拔任用干部的首要依据,大大增强"德"在干部工作中的影响力,营造良好的倡德氛围。此外,颁布干部德的考核的针对性指导文件,鼓励各单位打开思路将"德"纳入干部考核的重点,真正落实"以德为先"的标准。

四、学史增信,建设初心使命新局面

习近平总书记曾说:"一个人能否廉洁自律,最大的诱惑是自己,……制度设计得再缜密,也会'法令滋彰,盗贼多有'"[1]。2014 年,他向全党干部发出"严以修身、严以用权、严以律己,谋事要实、创业要实、做人要实"[2]的号召。"三严"是干部的从政之本。"严以修身,就是要加强党性修养,坚定理想信念,提升道德境界,追求高尚情操,自觉远离低级趣味,自觉抵制歪风邪气。严以用权,就是要坚持用权为民,按规则、按制度行使权力,把权力关进制度的笼子里,任何时候都不搞特权、不以权谋私。严以律己,就是要心存敬畏、手握戒尺,慎独慎微、勤于自省,遵守党纪国法,做到为政清廉。"[3]"严"字当头,强调领导干部必须带头守纪律、讲规矩,时时处处严格要求自己,修好"内功"。"三实"则是成事之要:"谋事要实,就是要从实际出发谋划事业

---

　　① 中共中央纪律检查委员会、中共中央文献研究室编:《习近平关于党风廉政建设和反腐败斗争论述摘编》,中国方正出版社、中央文献出版社,2015 年,第 145 页。

　　② 中共中央纪律检查委员会、中共中央文献研究室编:《习近平关于党风廉政建设和反腐败斗争论述摘编》,中国方正出版社、中央文献出版社,2015 年,第 145 页。

　　③ 中共中央纪律检查委员会、中共中央文献研究室编:《习近平关于党风廉政建设和反腐败斗争论述摘编》,中国方正出版社、中央文献出版社,2015 年,第 143 页。

和工作,使点子、政策、方案符合实际情况、符合客观规律、符合科学精神,不好高骛远,不脱离实际。创业要实,就是要脚踏实地、真抓实干,敢于担当责任,勇于直面矛盾,善于解决问题,努力创造经得起实践、人民、历史检验的实绩。做人要实,就是要对党、对组织、对人民、对同志忠诚老实,做老实人、说老实话、干老实事,襟怀坦白,公道正派。"①"三严三实"是党的领导干部的为官之道和行为准则,提供了做好新形势下干部工作的重要遵循。2015 年 4 月 10 日,中共中央办公厅印发《关于在县处级以上领导干部中开展"三严三实"专题教育方案》,对 2015 年在县处级以上领导干部中开展"三严三实"专题教育作出安排,将作风建设通过实际的教育活动来落实,不断增强党自我净化、自我完善、自我革新、自我提高的能力。习近平总书记曾多次强调,要把"三严三实"要求贯穿改革全过程,引导广大党员、干部特别是领导干部既当改革的促进派,又当改革的实干家,以全面深化改革的成果来检验"三严三实"专题教育成果。自 2021 年 2 月 1 日开始,中央在全党范围内开展党史学习教育活动,要求做到"学史明理、学史增信、学史崇德、学史力行"②,激励全党不忘初心、牢记使命,在新时代不断加强党的建设。7 月 1 日,习近平总书记在庆祝中国共产党成立 100 周年大会上概括提出伟大建党精神:坚持真理、坚守理想,践行初心、担当使命,不怕牺牲、英勇斗争,对党忠诚、不负人民。一百年来,中国共产党以伟大建党精神为源头,构筑了中国共产党人的精神谱系。9 月 29 日,党中央批准了中央宣传部梳理的第一批纳入中国共产党人精神谱系的伟大精神,在中华人民共和国成立 72 周年之际予以发布。作为党史学习教育和"四史"宣传教育的重要内容,在全党全社会大力弘扬伟大建党精神、深入宣传中国共产党人精神谱系,鼓舞激励党员干部群众弘

---

① 中共中央纪律检查委员会、中共中央文献研究室编:《习近平关于党风廉政建设和反腐败斗争论述摘编》,中国方正出版社、中央文献出版社,2015 年,第 143～144 页。

② 《习近平谈治国理政》(第四卷),外文出版社,2022 年,第 509 页。

扬光荣革命传统、赓续红色血脉，"切实增强'四个意识'、坚定'四个自信'、做到'两个维护'"①，更加坚定自觉地牢记初心使命、开创发展新局。

五、完善权力监督制度和执纪执法体系等制度建设

"许多问题，看起来是风气问题，往深处剖析又往往是体制机制问题。"②因此，习近平总书记在十八届中央纪委第二次全会上强调，要加强对权力运行的制约和监督，"把权力关进制度的笼子里"，形成"不敢腐的惩戒机制、不能腐的防范机制、不易腐的保障机制"，强调"制度促德"与"以法治德"，进一步完善党内法规、制度建设。这一时期尤其"要健全权力运行制约和监督体系，有权必有责，用权受监督，失职要问责，违法要追究，保证人民赋予的权力始终用来为人民谋利益"③，使各项监督更加规范、有效。同时，突出加强对"关键少数"特别是"一把手"和领导班子的监督，要求各级党委（党组）履行党内监督的主体责任。党内监督和其他各类监督贯通协同，形成全面的监督体系。此外，进行执政党的"权力清单"建设，搞清楚什么权能用、什么权不能用，并通过"清权、确权、分权、晒权和治权"一系列"清单"来推动党的自我革命，"要义是打造一个透明的制度笼子"④。经过持续的制度建设，党的十八大以来，我国出台的制度性成果不少。如由人民出版社出版的《十八大以来廉政新规定》2015 年最新版本中，就收录了 35 条中央纪委、组织部、办公厅、中共中央政治局等出台的新的相关规定与文件，包括强化干部

① 《习近平谈治国理政》（第四卷），外文出版社，2022 年，第 517 页。
② 中共中央纪律检查委员会、中共中央文献研究室编：《习近平关于党风廉政建设和反腐败斗争论述摘编》，中国方正出版社、中央文献出版社，2015 年，第 86 页。
③ 中共中央纪律检查委员会、中共中央文献研究室编：《习近平关于党风廉政建设和反腐败斗争论述摘编》，中国方正出版社、中央文献出版社，2015 年，第 121 页。
④ 高波：《十八大以来正风反腐新观察》，中国方正出版社，2015 年，第 109 页。

监管、引导示范带头、提倡厉行节约、规范公务行为、严禁公款送礼等多个方面的内容,范围之广泛、要求之明确、规定之严厉,前所未有;在干部的选拔和任用方面也在 2014 年修订颁布了新的《党政领导干部选拔任用工作条例》来进一步规范工作;2016 年 10 月召开的党的十八届六中全会,专题研究全面从严治党重大问题,则审议通过了《关于新形势下党内政治生活的若干准则》和《中国共产党党内监督条例》;等等。在"制度促德"与"以法治德"过程中,中国共产党坚决贯彻"狠抓制度执行,扎牢制度篱笆,真正让铁规发力、让禁令生威"①的思路,以真正的执行事实来告诫各级领导干部要敬畏法律、依法执政。总之,党中央坚决"把权力关进制度的笼子"里,以严明的党内纪律、条令,神圣的宪法、法律,完善的配套制度体系,严格的落实、执行,确保党在新时代坚持和发展中国特色社会主义的历史进程中始终作为坚强领导核心。

六、高压反腐与正风反腐推动干部道德建设全面深化

面对历史的新起点,习近平总书记曾忧虑地指出:"一个时期以来,作风问题在党内确实相当严重,已经到了非抓不可的时候,不抓不行了。"②党的十八大以来,习近平在中央纪委全会上就党风廉政建设和反腐败斗争多次作出重要部署。2015 年 1 月,习近平总书记在第十八届中央纪委第五次全会上发表重要讲话,强调要深化改革、巩固成果、积极拓展,不断把反腐败斗争引向深入。同时会议发布了《依法治国依规治党,坚定不移推进党风廉政

---

① 中共中央纪律检查委员会、中共中央文献研究室编:《习近平关于党风廉政建设和反腐败斗争论述摘编》,中国方正出版社、中央文献出版社,2015 年,第 127 页。

② 中共中央纪律检查委员会、中共中央文献研究室编:《习近平关于党风廉政建设和反腐败斗争论述摘编》,中国方正出版社、中央文献出版社,2015 年,第 21 页。

建设和反腐败斗争》的工作报告，开启新时期新一轮反腐倡廉。2017年，党的十九大报告中提出了反腐败工作的原则，即"三个坚持"：坚持无禁区、全覆盖、零容忍，坚持重遏制、强高压、长震慑，坚持受贿行贿一起查。这一工作原则的确立，直接对腐败现象产生了巨大的震慑效应，极大地推动了反腐败工作积极成效。2020年2月，在十九届中央纪委四次全会上，党在总结长期执政条件下解决自身问题、跳出历史周期率的成功道路时，清醒地认识到反腐败斗争的长期性与艰巨性，告诫全党"反腐败斗争形势依然严峻复杂，全面从严治党永远在路上"，并作出了"全面从严治党取得新的战略性成果，反腐败斗争压倒性胜利不断巩固拓展"的政治判断，也明确提出了"构建一体推进不敢腐、不能腐、不想腐体制机制，进一步巩固和发展反腐败斗争压倒性胜利"的任务要求，全力提高治理腐败效能。党的二十大报告指出，新时代开展了史无前例的反腐败斗争，已经取得压倒性胜利并全面巩固。习近平总书记认为，要从政治的高度，"坚定不移转变作风，坚定不移反对腐败，切实做到踏石留印、抓铁有痕，不断以反腐倡廉的新进展、新成效取信于民，确保党和国家兴旺发达、长治久安"①。这一时期，我党以积极、勇敢、主动的态度迎接全面深化改革事业对执政党能力提出的巨大挑战，以"猛药去疴，壮士断腕"的勇气与决心，治理腐败、整顿作风，为新时期干部道德建设营造了良好的生态环境。

---

① 中共中央纪律检查委员会、中共中央文献研究室编：《习近平关于党风廉政建设和反腐败斗争论述摘编》，中国方正出版社、中央文献出版社，2015年，第71~72页。

第二节　全面深化改革下干部道德建设
取得的积极成效

全面深化改革背景下,中国共产党坚持贯彻"党要管党、从严治党"的宗旨,持续推出各系列、各层次、各类型的党风建设活动,为当前的干部道德建设积累了一定的积极成效。

一、形成了与时俱进的干部道德要求

以习近平同志为核心的党中央领导集体汲取历史上的优秀官德内容与共产党人的干部道德建设经验智慧,丰富并发展了干部道德建设的新规范、新内容。如提出"心中有党、心中有民、心中有责、心中有戒"的"四有"干部标准,争做"信念坚定、为民服务、勤政务实、敢于担当、清正廉洁"①的好干部、要求干部"严以修身、严以用权、严以律己;谋事要实,创业要实,做人要实",以及"忠诚、干净、担当"的精神要求,等等。在贯彻群众路线中提出:"领导干部是人民的公仆,必须始终牢记宗旨、牢记责任,自觉把权力行使的过程作为为人民服务的过程,自觉接受人民监督,做到为民用权、公正用权、依法用权、廉洁用权。"②并且指出,衡量一名共产党员、一名领导干部是否具有共产主义远大理想的客观标准是"能否坚持全心全意为人民服务的根本

---

① 《建设一支宏大高素质干部队伍,确保党始终成为坚强领导核心》,《人民日报》,2013 年 6 月 30 日。

② 中共中央文献研究室编:《论群众路线:重要论述摘编》,党建读物出版社、中央文献出版社,2013 年,第 127 页。

宗旨,能否吃苦在前、享受在后,能否勤奋工作、廉洁奉公,能否为理想而奋不顾身去拼搏、去奋斗、去献出自己的全部精力乃至生命"①。在党史学习教育中,强调学史崇德,涵养党员、干部高尚的道德品质,提出崇尚"对党忠诚的大德""造福人民的公德""严于律己的品德"②三个层次的道德要求。总之,从理想信念到责任意识,从艰苦奋斗到实干兴国,全面深化改革时期已经发展出一系列具有时代特色的干部道德规范与内容。

二、干部道德建设制度化、规范化、科学化水平不断提高

这一时期的干部道德建设更注重全面综合的手段,尤其是强调制度化、法治化的手段,更强有力约束干部道德行为,持续有效地提高干部道德建设规范化、科学化的水平。比如,为了进一步拓宽和完善公众监督举报的渠道,中央组织部把"12380"举报平台建成集合信访、电话、短信与网络"四位一体"的综合受理平台;中央纪委网站开通举报窗、曝光台,点名道姓、公开曝光成为常态;推行政府及部门权力清单制度,确保了"清单之外无审批,法无授权不可为",有效防抑各种权力出轨与干部出事。对我党历史上的党内法规和规范性文件进行集中清理,如中央纪委监察部对1978年至2012年6月由中央纪委制定或者牵头制定的包括办案工作在内的党内法规和规范性文件进行清理后决定废止37个文件、失效28个文件。在清理的基础上,中央又出台《中央党内法规制定工作五年规划纲要(2013—2017年)》,提出要在未来5年内重点制定45件党内法规项目,其中和党风廉政建设有关的就

---

① 中共中央文献研究室编:《论群众路线:重要论述摘编》,党建读物出版社、中央文献出版社,2013年,第129页。
② 《习近平谈治国理政》(第四卷),外文出版社,2022年,第520页。

有 14 件。① 党的十八大以来,党中央先后制定和修订了新形势下党内政治生活的若干准则、党组工作条例、地方党委工作条例、党的工作机关条例、支部工作条例以及农村、国企、机关基层党组织工作条例等一系列组织建设方面的党内法规。② 其中包括修订三部重要的党内法规,《中国共产党廉洁自律准则》《中国共产党纪律处分条例》《中国共产党巡视工作条例(试行)》。党的十九届四中全会把健全维护党的集中统一的组织制度作为坚持和完善党的领导制度体系的重要内容,纳入了国家制度和国家治理体系之中③。

三、干部德的考评工作进展显著

早在 2008 年习近平同志就在全国组织部长会议上指出:"要坚持德才兼备、以德为先用人标准,什么样的人该用,什么样的人重用,都要把德放在首位,在这个前提下注重选拔那些确有才干、实绩突出的干部""把干部的德的考评结果作为干部选拔任用的首要依据"。④ 党的十七届四中全会进一步明确了"以德为先"的选人用人标准,此后加强并推进现实工作中干部德的考评便成了落实这一人才标准的关键。"德不是空洞的、抽象的,而是实在的、具体的。"⑤在整个德的考评工作中,习近平总书记强调要把干部的德"考准考实",这既是工作的重点也是难点。为此,对"德"作一些具体化、"显性"的工作,如在考核方面,"完善干部考核评价体系,特别是要把对德的考

---

① 高波:《十八大以来正风反腐新观察》,中国方正出版社,2015 年,第 114 页。

② 《习近平谈治国理政》(第四卷),外文出版社,2022 年,第 505 ~ 506 页。

③ 《习近平谈治国理政》(第四卷),外文出版社,2022 年,第 506 页。

④ 《以改革创新精神加强党的建设和组织工作,为保持经济平稳较快发展提供坚强保证》,《人民日报》,2008 年 12 月 28 日。

⑤ 《习近平同志在全国组织部长会议上的讲话》(2011 年 12 月 18 日),中组部党建研究网,2012 年 2 月 15 日。

核具体化"①。2011 年底,中组部印发了《关于加强对干部德的考核意见》,对干部德的考核工作作出了整体规范,提供了基本遵循;2013 年发布《关于加强干部德的考核评价实施办法》,对考核方法、考核结果评定及反馈处理等有了更为细致的规定。2018 年,在第十三届全国人大会议上,习近平总书记又再次强调领导干部"明大德、守公德、严私德"的重要性,进一步明确对干部德的考核内容。根据一系列的中央指示,各地各部门也先后组织了考评试点,获得了不少经验。干部德的考评在理论与实践上的突破与发展,真正推动了"德才兼备、以德为先、任人唯贤"选人用人标准的实现,是当下干部道德建设取得的极具实质性的成果。

四、反腐败工作与党的自我革命卓有成效

习近平总书记曾多次强调,党的廉政建设和反腐败斗争是我们必须抓好的重大政治任务。一方面,打老虎拍苍蝇,坚决"把权力关进制度的笼子里",以零容忍态度遏制腐败蔓延势头,荡涤歪风邪气、净化政治生态。根据数据资料②显示,党的十八大以来,已有超过 500 名中管干部被立案审查调查。党的二十大报告指出,我国反腐败"取得压倒性胜利并全面巩固"。另一方面是"动真格"的作风建设,从干部选拔制度改革创新到各种形式的干部教育活动,中央作出了一系列党要管党、从严治党的整治活动,以"说到做到""越来越严"的要求,拔除了干部队伍的一些烂草、杂草,吹进了清爽纯净的正气之风,人民群众深恶痛绝的歪风邪气得到有效遏制。据资料③显示,

---

① 《习近平在全军政治工作会议上的讲话》(2014 年 10 月 31 日),《解放军报》,2014 年 11 月 24 日。

② 《党的十八大以来全面从严治党成就综述》,新华社,2022 年 10 月 7 日。

③ 《党的十八大以来全面从严治党成就综述》,新华社,2022 年 10 月 7 日。

党的十八大以来,截至 2022 年 4 月,全国共查处违反中央八项规定精神问题 72.3 万起,给予党纪政务处分 64.4 万人。党的十九大报告指出:"把党的政治建设摆在首位""党的政治建设是党的根本性建设"。十九届中央纪委六次全会强调:"全面从严治党是新时代党的自我革命的伟大实践,开辟了百年大党自我革命的新境界。"党的二十大报告强调,"反腐败是最彻底的自我革命"。总之,近年来,我党以零容忍态度坚决惩治腐败,开展了史无前例的反腐败斗争,以钉钉子精神加强作风建设,把整治群众身边不正之风和腐败问题摆在突出位置,经过不懈努力找到了自我革命这一跳出治乱兴衰周期率的第二个答案,纯净了党的干部队伍、保障了党的伟大事业。

第三节　全面深化改革下干部道德建设面临的机遇与挑战

一、当前党的干部道德建设面临的机遇

当前,干部道德建设面临新的机遇。一方面,从国内形势来看,我国正扬起了全面深化改革的大风帆,改革的任务就是要解决中国进一步发展所面临的一系列突出矛盾与挑战,激发前进道路上的更多动力。在这一深化改革过程中,我党以巨大的勇气锐意推进从经济体制、政治体制、文化体制、社会体制、生态文明体制到党的建设制度等各个方面的改革,完善和发展中国特色社会主义制度、推进国家治理体系和治理能力的现代化。尤其是深化政治体制改革,加快推进社会主义民主政治的制度化、规范化与程序化,发展更加广泛、更加充分、更加健全的人民民主,加快转变政府职能以健全宏观调控体系、全面正确履行政府职能、优化政府组织结构,推进法治建设

以维护宪法法律权威、深化行政执法体制改革,强化权力运行制约和监督体系以形成科学有效的权力制约和协调机制,以及加强反腐体制机制创新和制度保障、健全改进作风常态化制度、深化干部人事制度改革等等,全面深化改革背景下各个领域的新举措都给当前的干部道德建设提供了十分有利的发展机遇,使干部道德建设在这一系列紧密相关的改革中也得到同步的发展。同时,全球新一轮科技革命和产业革命孕育兴起,带动了数字技术强势崛起,促进了产业深度融合,引领了服务经济的蓬勃发展,这给新时期的干部道德建设带来了新的经济条件。此外,我国干部道德建设目前已经取得的一系列积极成果、反腐建设的胜利成果等,形成了新的发展优势。

另一方面,从国际形势来看,世界范围内已然发生了一场关于公共行政改革范式的革命:从传统"管制型"向现代"服务型"的转变。随着后工业社会的来临,尤其是计算机、移动网络的普及,社会的信息化和权力的知识化使传统的官僚制范式受到抨击,民主、平等在公共行政领域得到重新审视,服务行政的理念广泛地渗透于公共行政的改革。政府治理模式的根本变革,必然给行政人员的道德建设工作带来深刻影响。首先,政府体制将更强调"服务于民""公民本位"的道德理念,政府将成为提供各类服务的机构。其次,政府内行政人员的道德水平被提升到更高的位置,因为作为政府各种举措的制定者、传达者、执行者、实施者,政府治理模式的变革必然通过现实行政人员的具体行政行为才能得以实现。如果只是机构、职能的单纯变革而不能充分重视人的因素,尤其是人的道德素养,那么改革的目标就终会落空。因此,行政人员道德上的觉悟,是否认识到维护公共利益并提供公共服务的使命,尤为关键。对于我党干部来说,不仅从社会主义干部道德本质——人民公仆出发,"服务人民"、为民谋福的宗旨始终是第一位的从政道德标准,还即将迎来这一场治理模式的大改革。以上种种,都将给我国干部道德的提升提供了难得的机遇,为推动现实干部道德建设的发展创造了有利条件。

二、当前党的干部道德建设面临的挑战

当前干部道德建设工作将面临一些严峻挑战,如同"一个硬币存在两面",这个时代给干部道德建设工作带来巨大机遇的同时,也带来了阻碍与挑战。

在经济层面上,当今世界正在经历百年未有之大变局,经济发展更加复杂多变,社会利益关系更加复杂化。一方面,疫情三年后全球经济的积极发展都受到诸多挑战,经济形势的一些低迷情况影响了人们的信心,也导致社会不稳定因素的增加。习近平主席在 2020 年中国国际服务贸易交易会全球服务贸易峰会上指出:"新冠肺炎疫情全球大流行使这个大变局加速变化,经济全球化遭遇逆流,保护主义、单边主义上升,世界经济低迷,国际贸易和投资大幅萎缩,给人类生产生活带来前所未有的挑战和考验。"[①]在这样的形势下,寻求进一步深化改革的经济增长压力增大许多。另一方面,长期繁荣的商品经济带来的极大物质享受早已影响了人们的财富观。一些人沉溺于金钱、物质,认为道德理想是一些"无用"的东西,彻底沦为功利主义、享乐主义、工具主义,变成了没有精神家园的物质野蛮人。对物质的过度追求,同时在社会中导向了一个认知偏差——把经济的发展简单等同于社会的发展,从而导致出现精于算计、唯 GDP、资源的疯狂掠夺与商业的无止境扩张,进而引发社会的不平衡发展以及生态环境危机。经济基础决定上层建筑,经济情况将提供道德建设的发展环境,新的经济发展现实赋予干部道德建设最直接的压力。

---

① 《习近平谈治国理政》(第四卷),外文出版社,2022 年,第 227 页。

在政治层面上,腐败的客观存量以及政治体制改革的相对落后是政治建设面临的重要问题。一是我国政治体制改革起步晚、民主意识不够充分,政治体制发展较为落后。尤其是监督体制体系的效应不足,来自其他民主党派、社会团体、社会组织与党外民众等群体的监督作用较弱。由于经济建设的明确性与政治行为的模糊性的情况并存,目前政治制度建设仍具紧迫性。二是执政骨干队伍和人才队伍建设仍然任重道远。党的十九届四中全会强调,要把提高治理能力作为新时代干部队伍建设的重大任务。干部能否严格按照制度履行职责、行使权力、开展工作首要把好干部的政治关、廉洁关,要求广大干部的政治素养要能跟上时代发展的步伐。因此在不断全面深化改革的过程中,提高了深化干部制度改革的要求,通过加强干部人才管理机制,持续培养一批优良的党的各级领导班子和干部队伍。三是腐败存量的客观存在,以及党内现存干部队伍中的一些作风问题仍然是党面临的最大威胁。习近平总书记在十九届中央纪委五次全会上指出,“政治腐败是最大的腐败”①,必须消除党内政治隐患,打好党风廉政建设和反腐败斗争的这场攻坚战、持久战,保证党清正廉洁的政治本色。

在文化观念层面上,传统“官本位”意识仍然影响较大以及一些消极腐朽文化带来的现实冲击。一方面,中华民族有五千多年的悠久历史,过去的宗法观念、政治认知、思想意识、文化倾向等,很多价值观念与思维已经融入了人们的血液,一代代传了下来。官本位就是这样一种极具惯性的落后的封建意识,在我国的社会中长期存在并影响至深。“当官的以及与当官有关联的一切都在社会中充当基本的价值尺度,被用来作为最高理想”②,这种官本位的认知是一种不对等的地位与心态,容易滋生官僚作风、特权思想等,

---

① 《习近平谈治国理政》(第四卷),外文出版社,2022年,第505～506页。
② 杨继亮、杨立生:《廉政论》,山西人民出版社,2012年,第34页。

与社会主义社会的干部道德要求背道而驰,是干部道德建设要坚决反对的。党在持续全面深化改革的道路上,要持续同社会中仍然一定范围存在的"官本位"意识作斗争。另一方面,现实社会激荡着各种各样的价值文化,尤其是一些消极腐朽的观念也给道德建设带来了冲击。比如一些护贪文化的存在,包括"腐败有理"文化、"腐败有利论"、"社会腐败心理"等。在经济快速发展的转型社会里,经济的增长和财富的不断获得迅速破坏了强调自我约束的传统社会规范,交织、激荡的多元价值,现实中一些被颠覆的道德实践都会造成人们价值观念的混淆、困惑与迷惘。当一些腐败行为可以促进经济的增长,为一些人提供利益,人们甚至可以对腐败视而不见,这也是商品经济冲击导致人文精神的衰落的重要表现。人们对物质的崇拜、对金钱的渴望、对一切感官享受与喧嚣的沉溺等等占领了精神的大块土地。一方面是精神失落,一方面是行为失当、道德失范现象的出现,道德作为一种重要的社会调控手段在世俗社会中不断弱化。传统文化的糟粕遗留、现实社会的精神危机,这些都给现实的干部道德建设带来了深层的困难。

在国际形势上,虽然和平与发展已经成为世界发展的主题,但和平的主旋律下一些不确定因素与危险因素仍然存在。霸权主义和强权政治、单边主义依然存在,新一轮的国际竞争正激烈展开、西方敌对势力对我国实施西化、分化的阴谋始终没变,甚至手段更加隐蔽,仍然不停止兜售种种所谓自由、民主的普适价值。习近平总书记强调指出:"世界经济正在经历上世纪30年代大萧条以来最严重的衰退。单边主义、保护主义、霸凌行径愈演愈烈,治理赤字、信任赤字、发展赤字、和平赤字有增无减。"①这些国际环境都给我党的执政能力提出了更大挑战和更高要求。

新形势需要新担当、呼唤新作为。总之,在持续推进全面深化改革的过

———————

① 《习近平谈治国理政》(第四卷),外文出版社,2022年,第455页。

程中,我党要从新发展阶段大局出发,落实新发展理念,紧扣推动高质量发展、构建新发展格局。面对新环境带来各种压力与挑战,干部队伍要以一往无前的奋斗姿态、风雨无阻的精神状态,以更高的"德能"表现,把握新的时机持续提高干部队伍的整体能力,领导改革不停顿,开放不止步,在更高起点上推进改革开放、开创新局面,为全面建设社会主义现代化国家、实现第二个百年奋斗目标做出新的更大的贡献。

第五章 全面推进党的干部道德建设的路径思考

第一节 基于比较研究的干部道德建设路径

比较研究方法,又称类比分析法,是指对两个或两个以上的事物或对象加以对比,以找出它们之间的相似性与差异性的一种分析方法。① 目前,已经有很多学者从古今与中西两个维度对干部道德建设进行比较研究,总结了不同时代不同地区之间干部道德建设工作的异同并提出方法对策。本节分别从中国传统与现代、中国共产党的干部道德建设历史经验与现实、西方与中国三个维度作出探讨。

一、古为今用,传承传统官德建设的文化精华

我国有悠久的"人治"与德治传统,"为政以德"成为传统德治的核心。

---

① 林聚任、刘玉安:《社会科学研究方法》,山东人民出版社,2004 年,第 151 页。

历朝历代的统治阶级十分注重加强官德建设,积累了不少相通的经验,可以古为今用。

第一,自上而下、率先垂范。一方面,自上而下强调行"仁政"、修德行。正所谓:"自天子以至于庶人,壹是皆以修身为本。壹是,一切也。正心以上,皆所以修身也。"(《礼记·大学》)上至天子,下至平民百姓,都强调以修养品性为根本。"唯仁者宜在高位","君仁莫不仁,君义莫不义,君正莫不正。一正君而国定矣"(《孟子·离娄上》)。"国之败,由官邪也。"(《左传·桓公二年》),"修其心治其身,而后可以为政于天下"(王安石《洪范传》)。不仅官德被人们视作最重要的德,而且君臣之德有分。"君子之事君也,务引其君以当道,志于仁而已"(《孟子·告子下》),否则"君而不圣,不可为君;相而不贤,不可为相"。朱熹则说:"为君须仁,为臣须敬。"(《朱子语类》卷十八)总之,上至君王下至小官,古代政治都强调德能的地位。另一方面,官德的建成在于自上而下的率先示范。所谓"上行下效,捷于影响。"(《四书章句集注·大学章句》)"其身正,不令而行;其身不正,虽令不从。"(《论语·子路》)"善禁者,先禁其身而后人。"(荀悦《申鉴·政体》)"君能为善,则吏必能为善矣;吏能为善,则民必能为善矣。故民之不善,吏之罪也,吏之不善,君之过也。"(《新书·大政上》)总之,所谓"普天之下,莫非王土",以君王为家翁的国家管理模式中,强调自上而下、以身作则,是十分有效的传统官德建设方式。看历朝历代,莫有君王者励精图治、修己及人而官德混乱、官场腐败不堪之情形,莫有君王昏庸无德、不务正义而出现官清民富的盛世之景。鉴于此,我国干部道德建设也要重视"上行下效"的影响力,自上而下强调领导干部的层层示范作用,形成不同层次的干部道德要求,尤其强调高级领导干部的道德能力。

第二,仕而优则学,学而优则仕。古代官德建设颇具成效,各士大夫皆以修身养德为操守,与在官德建设中重视"学"的地位有关。首先,"学而优则仕"，国家选取人才的重要方式之一就是通过科举考试，考的就是学子的学识能力。之所以选择"优学"的人成为官员，一是因为所学的内容无不是先人的智慧、治国理学的精华，二是因为要甄选出德才兼备的人才，必定离不开读书学问，这就是"学问克励"（杨昱《牧鉴》）。"为政须通政有学术，不学无术，虽有小能，不达大体。"（杨昱《牧鉴》）在读书的过程中与古人交流，学习智慧、交流治学、治道、治国，才能打好做官的基础。其次，官员把读书、学习视为最重要的立德成才之道。"仕，学也。从人，从士。"（《说文解字》）仕学相济，才能有益于官吏行政，才能知行合一去实践政治理想。"当官有二要：一曰读书，不但开卷有益增人智识，且一对书史与圣贤晤接，心境清明，得自悟其过，自坚其守，是内省之资也。一曰寡欲，嗜欲既寡，精神自生，是检身之要，儒修之宽也。"（徐栋《牧令书》）为官者要通过坚持学习、读书的方式，才能不断提高自身的道德品质与职业能力。因此，子夏提出"仕而优则学，学而优则仕"，显示了学习成为想要做官和已经在朝为官之人成才修德的重要方式，鼓励他们在持续不断的学习中做好人做好官。而对于当下的干部道德建设，重视"学习"的作用，提倡干部们经常地、持续地学习，形成一种热爱学习的氛围，无论对提高干部的德行品质还是实现政治主张都是大有裨益的。

第三，重视修己安人、内圣外王的崇德精神。古代的孔子早就提出"修己安人""修己以安百姓"（《论语·宪问》）的思想，《大学》主张"身修而后家齐，家齐而后国治，国治而后天下平"也是士大夫阶层的思想共识，认识到做好"安人"的工作就必须先"修己"。"不患位之不尊，而患德之不崇"（《后汉书·张衡传》），"道德不厚者，不可以使民"（《战国策·秦策一》）。修己安人、内圣外王，把修己的功夫做到极致了就能安人，把内圣的功夫做到极致了就是外王。无论是做人还是为官，以"修己"为起点，在内心不断地修养品质，才能达到"外圣"的目的。不仅如此，在崇德精神的引导下，古代官德提出了居官三境界——先后境界、忧乐境界、生死境界。它们组成了官德的脊骨，集中体现着官德的精神状态、实践状态、理想状态。先后境界，首先是对从政者提出先公后私、先义后利、先人后己的道德要求。如"先天下之忧而忧，后天下之乐而乐"（《岳阳楼记》），"先义而后利者荣，先利而后义者辱"（《荀子·荣辱》），"右贤左戚，先民后己"（《史记·文帝本纪》）它们都体现了把公共利益放在私人利益之前的一种精神境界。忧乐境界强调的是从政者要与民同喜同悲。首先是体现在"官民"关系上的"天下为公"，正所谓"为民上而不与民同乐者，亦非也。乐民之乐者，民亦乐其乐。忧民之忧者，民亦忧其忧。乐以天下，忧以天下，然而不王者，未之有也"（《孟子·梁惠王下》）。同时，忧乐境界还体现为一种忧患意识，如"存者非存，在于虑亡。乐者非乐，在于虑殃"（《六韬·兵道》），"夫忧者所以为昌也，喜者所以为亡也。胜非其难者也，持之其难者也"（《列子·说符》）。忧乐境界要求为政者能居安思危、存不忘亡，并且心存天下。生死境界是儒家道义论在官德方面的发展所至，包括孔子的"杀身成仁"，孟子的"舍生取义"，都强调了义重于生。对于为官者来说，生死境界贯彻了"道之所在，死生以之"的治道精神，是谨始慎终、君子有终的全节精神，更是秉公行义、天下为公、视死如归的官德最高境界。"故节义者，天下之大闲，臣子之盛德，不荡于富贵，不蹙于贫贱，不摇于威武。道之所在，死生以之。""呜呼！宁为此（道）而死，不为彼而生，以是处心，庶无愧于古人矣！"（张养浩《风宪忠告》）三种官德境界体现了理政治道的价值归属，是古代官德建设的精华所在。古人把政治与道德统一起来，并以道德教化来达成政治的目的，这是传统官德建设的特色，也是极具借鉴意义的部分。

第四，好官清官的榜样以及大量官箴营造了良好的官德氛围。一方面，中国民间一直流传大大小小的官员美谈。比如"周公吐哺，天下归心"，为周王朝殚精竭虑的周公；"治水八年于外，三过其家门而不入"的大禹；"先天下之忧而忧、后天下之乐而乐"的范仲淹；精忠报国的岳飞；"留取丹心照汗青"的文天祥；"铁面无私的青天大人"的包公；"要留清白在人间"的于谦；天下第一廉吏于成龙；关心人民疾苦的郑板桥；"苟利国家生死以"为民族销烟禁烟的林则徐等，这些优秀的官员形象一代一代传下来，是人民群众歌颂的对象。榜样的力量是无穷的，这些正面的官员不仅能赢得民心，有利于当时的国家社稷，同时这股积极的官德力量会传染给更多的从政为官者，激励榜样成为官场的正能量。另一方面，古代社会有大量的官箴存在，官箴文化十分深厚。它们既通俗又精微、精到，对伦理文化、行政文化以及法律文化的内容都有所涉及，不仅对前人为官做事作了一些有益总结、借鉴，更注重对在朝官员提出一些道德要求，包括全面规劝、告诫、警示从政为官者的德行并起到一定约束作用，是较为系统的道德价值观念与实践总结。最主要的几部官箴书包括宋代吕本中的《官箴》、元朝张养浩的《三事忠告》、清朝陈宏谋的《五种遗规》、汪辉祖的《学治臆说》，等等。历代箴书中大都是言之有理、思之有据的官德学问，包括韩愈、柳宗元、司马光、范仲淹、王安石、曾国藩等一些既有学识又会做官的儒者之作，其深刻的思想为古代从政为官者营造了积极的官德文化氛围，并成为官场官员们的主流价值观，明确了为官者的是非对错，为官员道德建设提升效果。现阶段的干部道德建设也要持续强调以更多典型、先进的形象扩大我党干部队伍的正面影响力，为干部道德建设树立标杆。同时，重视干部道德的文化浸润，明确干部的思想行为规范。对传统官箴的学习不仅要学习其对官德的重视，而且尤其要学习的是其修身的方法方式。如曾国藩提出的"明察物伦""居敬主静""省察克己""躬身践履""虚心涵泳，切己体察"①"内而专静纯一，外而整齐严肃，敬之工夫

---

① 《曾国藩全集·家书》（一），岳麓出版社，1985年，第409页。

也"①等,在现代社会仍然有极大的意义。

　　古代官德建设有一些积极成果值得借鉴,同时也有一些失败教训需要细细领会、参悟并且总结经验。传统社会官德建设的缺陷与问题目前也总结了很多,包括"官本位"意识对官德的装饰、官德要求更多是一种理想性的倡导,现实中做到的官员并不多、缺乏底线伦理的教育、制度上的约束不足以超过人治的主流,造成官德的脆弱性等。学习历史不仅在于精华的传承,也在于失败教训的启发。古为今用视角的官德建设,要正视历史的经验与教训,加深对各种问题的探讨,吸取优秀的经验并避免错误的重复出现。

二、发扬光大,延续党的干部道德建设自律传统

　　我党长期执政的重要基础之一就是在不断加强党的建设过程中拥有强大的自身净化能力,勇于开展"自我革命",这就是一种政党自律。"所谓政党自律,是指相对于党外约束而言的政党自我约束,是政党内在的一种区别于外在强制性惩罚的行为,它不仅有利于政党目标的实现、政党执政地位的获取和维持,还使政党主动地维护和开发公共利益。"②

　　早在革命时期,一直被奉为自律榜样的周恩来同志就在险恶的战争环境中制定了《我的修养要则》,提出"要与自己的他人的一切不正确的思想意识作原则上坚决的斗争""永远不与群众隔离,向群众学习,并帮助他们。过集体生活,注意调研,遵守纪律"③,等等,涵盖了从工作、学习到思想道德各个方面的诸多修养要则。陈毅同志曾作诗"应知山水远,到处有不平。应知

---

　　① 《曾国藩全集·家书》(二),岳麓出版社,1985 年,第 1393 页。
　　② 储建国、栾欣超:《中共共产党的党内治理——基于政党自律的分析视角》,《广西社会科学》,2015 年第 1 期。
　　③ 《周恩来选集》(上卷),人民出版社,1980 年,第 125 页。

学问难,在乎点滴勤。尤其难上难,锻炼品德纯"①,他谦逊地认为自己是"中夜尝自省,悔愧难自文"。刘少奇同志在《论共产党员修养》一书中集中论述了干部道德修养的重要性、内容与方式等,是我党至今为止仍弥足珍贵的干部道德修养著作。毛泽东同志一直强调要加强干部的思想道德建设,运用"批评与自我批评"的方式,保持"谦虚、谨慎、不骄、不躁的作风"。邓小平同志强调全党党员、干部要加强自身学习,号召全党同志一定要善于学习、善于重新学习,并提出要在领导班子中注意选拔政治上好的、有马克思主义修养的人。江泽民同志面对改革开放后的新情况,对领导干部提出了"自重、自省、自警、自励"②的自律方式。胡锦涛同志提出领导干部应从"社会公德、职业道德、家庭美德"等方面加强自律,要从"注意防微杜渐""培养健康的生活情趣""明辨是非,克己慎行""慎重对待朋友交往,坚持择善而交"③等方式来自我修身,才能够经受住权力、金钱、美色考验,真正做到一身正气、一尘不染。在全面深化改革的新时期,习近平总书记提出"三严三实",要求领导干部们要常照镜子、常洗澡,要"慎独慎初慎微",认为干部廉洁自律的关键是守住底线——"守住做人、处事、用权、交友的底线"④。历届党的重要领导人对自律修己的重视及要求,都体现出我党是一个极具自律精神的政党,并以此宝贵经验推进了各个时期干部道德建设工作。

马克思曾指出:"道德的基础是人类精神的自律。"⑤官员干部是否在内心真正受道德精神的约束,是真正衡量他们道德水平的标准。"道德之所以是道德,全在于具有知道自己履行了义务这样一种意识"⑥,只有当道德变成

---

① 《陈毅诗词选集》,人民文学出版社,1977年,第272页。
② 《江泽民文选》(第一卷),人民出版社,2006年,第456页。
③ 《十六大以来重要文献选编》(下),中央文献出版社,2011年,第878页。
④ 《十八大以来重要文献选编》(上),中央文献出版社,2014年,第138页。
⑤ 《马克思恩格斯全集》(第1卷),人民出版社,1956年,第15页。
⑥ [德]黑格尔:《精神现象学》(下卷),贺麟、王玖兴译,商务印书馆,1979年,第157页。

人们自觉自动自为的一种意识、行为,才展现出道德的本质。同时,自律是干部道德建设的根本方式。社会学上有一个著名的"横山法则",即最有效并持续不断的控制不是强制,而是触发个人内在的自发控制。黑格尔也在《法哲学原理》中论述了道德教育的强大净化作用,可以从思想上堵塞不法行为的产生,并且形成一种自我约束的道德规范和主观意志的法。也就是说,对道德的自动自觉意识,同时也是道德发展的根本形式。道德建设的目标不会仅仅满足于道德主体的被动服从,而是要促进人们对道德的主动渴求。一个政党的生命力,从根本上也是依靠其自身的自律性。因此,自律作为干部道德建设的重要经验,在新的时期仍然有必要延续并运用好它。

首先,自律以廉洁从政为根本。吏治"以廉为本",这种廉洁的根本要求一方面表现为一种底线思维,是要求干部在心底筑牢防腐拒贪的思想防线。中国共产党是一个善于运用底线思维的政党。党的十八大以来,习近平总书记曾多次强调,领导干部要"善于运用底线思维的方法",体现在对底线心怀敬畏、法纪底线不可逾越、防止犯颠覆性错误、对超越底线的行为"零容忍"等。腐败问题是人民最关心、令他们最痛恨的问题,直接决定着"民心政治"的成败。因此防腐拒变的思维底线对作为社会主义社会的人民干部是首要的。我党干部一定不能想着自己发财、自己得利,而是要拒绝一切与利益勾结的机会,一心为民、一心为公。一旦党员干部失去了廉洁之心,在全面深化改革的这场战役中,在利益得失的较量中,就容易丧失底线、迷失自我,逐渐走向贪腐的行为。另一方面,不仅廉洁自律一直是中国共产党人坚持奉行的党建准则,在习近平新时代中国特色社会主义思想中,全面从严治党也一直要求廉洁自律成为党建思想的重要伦理支撑。"廉洁"源于自古以来人们对制约权力的认识,要求以"节制"这一美德作为提高底线伦理水平的根本措施。"从权力动作的视角看,自我节制并非仅是权力主体的一种道德觉识,更包含对政治规矩的主动遵守。"①党员干部自觉遵守政治纪律、政治规矩及各种法律法规等外在的客观规范,通过自我节制的政治德性内化为自身的道德意志与行为,才能有效维护整个政治体系的高效运转,真正实现为人民服务根本目的。在节制的要求下,廉洁自律集中体现为党员干部自我修身的表现。一是在道德情感上有廉耻心,头脑中对什么不能做什么能做、是非黑白善恶对错要分明,建立非常清晰的道德认识并形成具有自我约束能力的道德情感;二是道德行为上有廉洁行为,即在实践层面上的"不贪"。在全面深化改革的过程中,各种利益关系复杂化,党的廉洁自律建设也从意识层面转向更有强制力的行为约束上。中华人民共和国国家监察委员会的成立,不断深化国家监察体制改革,都是从制度上加强对领导干部的有效监督,更体现了督促党员干部按照廉洁自律准则行事的伦理遵循。总之,廉洁自律与政治能力紧密相关,坚持为人民服务的政治导向,必须要求新时期党员干部始终保持廉洁自律的作风。

其次,自律以培养权责意识为核心。一方面,研究道德的学者指出,"人尽责并不是因为他生来就有道德,人变得有道德则是因为他尽责"②,强调了责任意识对个体塑造道德行为起着先在作用。道德责任感认识到个体在社会中应尽的义务,并且承担未履行义务的得失。它作为一种社会自觉,帮助主体在责任要求的范围内行为处事,是处在开放、多元现代社会的人们能养成并维持道德行为的关键。"每一个在道德上有价值的人,都要有所承担,没有任何承担、不负任何责任的东西,不是人而是物"③,个体在人的尺度,是否具有道德责任感是衡量一个人道德水平高低与成熟度的重要尺度。另一

---

① 靳凤林等:《明大德 守公德 严私德》,北京师范大学出版社,2020 年,第 72 页。

② [美]弗兰克·梯利:《伦理学概论》,何意译,广西师范大学出版社,2002 年,第 219 页。

③ [德]伊曼努尔·康德:《道德形而上学原理》,苗力田译,上海人民出版社,2002 年,代序第 7 页。

方面,责任对行政干部来说尤为重要,干部道德建设必须强调责任伦理的要求,自律也要围绕权责意识这个核心。弗雷德里克·莫舍曾指出:"在公共行政和私人部门,行政的所有词汇中,责任一词是最重要的。"①德国著名社会学家马克斯·韦伯在"作为安身立命的职业的政治"的著名演讲中指出,以政治为职业的真正的政治家必须在人格上具有两个条件,即必须在充满权力欲、不义和强力的错综复杂的政治生活中使自己的行为符合意图伦理和责任伦理的要求。他还进一步指出了从政者责任伦理的具体要求,包括必须具备切实的热情、超越虚荣的责任感和人与事保持一段距离的判断力,以及对自己行为可预见的后果承担责任等。可以看到,行政干部的责任感直接体现为强烈的权责意识,是指个人或组织对自身所拥有的权力以及责任二者之间的认知和理解。它涉及对权力的正确使用和对责任的承担,以及对自己行为后果的预期和评估。良好的权责意识可以让主体更好地履行职责、遵守法规秩序等,进而提高工作的可持续发展能力。就像韦伯曾告诫人们的,政治中如果不依循责任伦理的原则,人类的政治生活将不会有人们所期待的希望。因此,干部道德建设必须强调培养干部保有明确的权责意识,从权力来自人民也将用之于民的认识出发,忠诚并遵从人民的根本利益,认真履行自己的职责并遵循国家政策法规,将自己的精力付诸为人民服务的事业。

最后,自律以形成健全官场人格为目标。健全的官场人格是以道德人格为底色,在行政管理场域的德性表现。一般来说,干部的道德人格是个体稳定的、综合的道德心理特征,是干部道德素质状况的集中体现和依凭。德性的养成最终目标,就是要求通过自律,形成更加持久稳定、体现人的伦理

---

① ［美］特里·L.库珀:《行政伦理学:实现行政责任的途径》,中国人民大学出版社,2001 年,第65~66 页。

自主性的人格。在干部道德建设过程中,通过对道德认知的水平的提高、道德情感的培养、道德意志的加强及道德行为的塑造,以及它们之间的相互统一,达到干部道德人格的逐渐完善。马克思指出:"人格的本质意义是自我、自我意识、自制和认识的力量。"①对干部道德知情意行的贯通,关键就是激活干部道德人格中的自我、自我意识、自制和认识的因素,这可以统称为一种"自为"的力量,是人的本质力量。只有这种充分的自为力量为干部所拥有,干部的德性才能真正稳定为品格、人格。与此同时,德性的内容、评价标准等有其社会性,不同时期的道德人格有所差异。就现阶段的干部道德内容来看,健全的官场人格主要体现在人民立场、公正廉洁、务实肯干等。此外,形成社会所赋予的良好道德人格,个体需要经过不断的社会化、抛弃自然属性的过程,要求不断地学习、不断进行德性修养活动,经历一些挫折磨砺、认知与实践的困境及有限性之后,最终沉淀出理性、持久不变的品格。全面深化改革时期,必须强调官员干部保持高度自律,具备从事公务活动所需的本质要求,养成健全的官场人格抵挡各种官场病的传染,从而不随波逐流,不拿"环境决定论"作为"托词",不说"身不由己"的"谎言"。

马克思曾指出:"存在于现存社会关系中的一切缺陷都是历史地产生的,同样也要通过历史的发展才能消除。"②无论时代怎样的发展,我们都不能抛开过去,而要更加尊重并理解以往、更深刻地研究以往,才能联结历史与现实,赋予过往生命力,更好地关注当下、找到更具本土特色更具生命力的干部道德建设路径。

---

① 《马克思恩格斯全集》(第1卷),人民出版社,1979年,第270页。
② 《马克思恩格斯全集》(第3卷),人民出版社,1960年,第498页。

三、西为中用,学习借鉴西方国家的他律经验

西方官德建设思想深受"人性恶"的思想传统以及契约传统、理性思维的影响,社会治理更多寄托于制度与法律的他律手段,重视用客观性的标准来约束人,具有外向性的特点。运用比较的方法进行中西官德建设研究,最重要的是学习西方他律手段在廉政经验和官德建设中的应用。一是重视行政伦理的立法。20世纪70年代美国的水门事件,引发人们对行政人员道德的普遍关注,在寻求约束的过程中推动了《政府伦理法案》的诞生,规定所有官员必须填写统一的财产登记表格如实报告财产收入。此后,在各个国家掀起的制定"阳光法案"浪潮进一步推动本国公务人员的伦理立法。商品经济的充分发展加上契约精神的传统,使得西方国家的法律制度高度发展,为抵制官员腐败提供了根本保证。二是设置专门的官德管理监督机构。英国设有议会监察专员制度,专员由国王任命并拥有独立的调查权,并向议会负责;法国有政府督察团;加拿大有政府道德咨询办公室;美国设有专门的行政伦理管理部门,即政府伦理办公室或伦理委员会,他们不仅培训官员的行政道德,而且还会接受整理官员的财务材料以及群众对官员的问题反映等。1989年美国通过《伦理改革法案》,使得廉政署成为独立的机构,专门负责行政人员的廉洁执政。这些强有力的监督机构其工作效率和监督力度都较为有效和强力,进而能保障官员道德规范与各项规定的实施。三是制度化文本的针对性强且具有可操作性。国外官德制度化文本,有详细的行政道德行为规范的规定,不仅内容具有针对性,且实操性很强。比如财产申报,其规定"从申报对象、申报内容、申报程度、受理机关、申报公开、申报中的违法

行为,都有严格的规定"①。四是配套制度保障。法治化的建设与制度保障密不可分。新加坡等廉洁度高的国家,十分注意行政人员的诚信品德,建立了相应的诚信制度并采取具体关联的措施,比如公务员在职期间有诚信行为上的偏差,则会影响其公积金的发放,奖惩分明且实施到位。总之,西方官德建设更强调用一系列他律的机制、通过法律制度的形式来培养从政人员的道德。

随着我国市场经济的发展,政府工作人员与经济建设有紧密的联系,为了制止权力寻租、权力膨胀与腐败等,对法律、制度等刚性手段在提升行政人员道德能力上的作用获得了强烈共识。"道德伦理毕竟属于吏治的软件部分,每个领导干部都是'天使'固然是最好的,但当大多数领导干部都不是'天使'的时候,制度就是最好的选择。"②我党领导人也在实践中大力加强法律、制度方面的建设,不断提高建设的制度化、规范化、科学化水平。

首先,领导班子更具法律、制度的理念意识。习近平总书记指出:"小智治事,中智治人,大智立法。治理一个国家、一个社会,关键是要立规矩、讲规矩、守规矩。法律是治国理政最大最重要的规矩。"③"克服公器私用、以权谋私、贪赃枉法等现象,克服形式主义、官僚主义、享乐主义和奢靡之风,反对特权现象、惩治消极腐败现象等,都需要织密法律之网、强化法治之力"④,"最大限度减少体制障碍和制度漏洞","把权力关进制度的笼子里"⑤。习近平总书记的重要论述对制度化问题涉及许多,强调了制度化问题的重要性。

---

① 赵秀娟:《官德建设研究》,中国社会出版社,2015年,第94页。
② 杨成炬:《公务员制度的中国语境研究》,安徽大学出版社,2014年,第226页。
③ 中共中央文献研究室编:《习近平关于全面依法治国论述摘编》,中央文献出版社,2015年,第12页。
④ 中共中央文献研究室编:《习近平关于全面依法治国论述摘编》,中央文献出版社,2015年,第10~11页。
⑤ 《十八大以来重要文献选编》(上),中央文献出版社,2014年,第136页。

其次,进一步完善并推动法律制度的实践举措。党的十八大以来,我国颁布了一系列与干部道德建设相关的制度性文件,内容涉及了党内纪律、选拔作用、干部监督、公务活动、廉政建设等诸多方面,作为比法律更严格的党内纪律、要求,使提升干部道德素质有成文可依。对《中华人民共和国公务员法》进行了修订,保障新时期的干部道德建设发展及要求。

最后,坚持促进政策、制度的真正执行、落实。习近平总书记指出:"我们的制度不少,可以说基本形成,但不要让它们形同虚设,成为'稻草人',形成'破窗效应'。很多情况没有监督,违反了也没有任何处理。这样搞,谁会把制度当回事呢? 我们党的制度是从党章开始的,学习党章学了半天,最后还是视而不见、听而不闻,这不行! 我们的制度有些还不够健全,已经有的铁笼子门没关上,没上锁。或者栅栏太宽了,或者栅栏是用麻秆做的,那也不行。现有制度都没执行好,再搞新的制度,可以预言也会是白搭。所以,我说一分部署还要九分落实。制定制度很重要,更重要的是抓落实,九分气力要花在这上面。"①好的制度建立以后,如何为民办事就取决于领导干部的实际遵循、落实,真正做到依靠制度性的他律手段引导干部道德建设的规范化与科学化。

学习借鉴西方国家干部道德建设他律方式,我国实践要思考的是落实法律、制度过程中的中国语境问题。

首先,我国主流吏治规则意识的缺乏。我国自古以来便有"无规矩不成方圆"的说法,然而法治文化远没有以德治国的传统尤其是倚赖个体自我修身的形式即道德自律影响更深,也因此一直使得官吏的规则意识较为缺乏。官员没有遵守"告示"的意识,法律制度只是一种"摆设",社会的核心管理方

---

① 中共中央纪律检查委员会、中共中央文献研究室编:《习近平关于党风廉政建设和反腐败斗争论述摘编》,中国方正出版社、中国文献出版社,2015 年,第 128～129 页。

式就是"人治"。他律手段能否发挥实效必须依靠"遵守规则的意识"。这种规则意识不是政治伦理的意识形态,而是"吏治主流文化",是"一种法治思维,一种公仆世界观,是一种官吏如何为民服务的系统价值观念和规范"①。传统官文化这种意识的缺乏对我国现代社会的治理管理必然产生消极影响,它们虽不见成文却能深入人心、不登台面却约定俗成,与主流的法治思维、公仆世界观等规则意识与国家法规等正式规则背道而驰。领导干部必须带头遵守制度,有效维护制度的权威性与严肃性,是他律手段的重要的主体条件。

其次,社会中现代公民意识尚未完全培育起来。当前,我国官德建设还没有成熟的社会舆论监督环节,主要是现代公民意识还没有完全培育起来。这也是受封建专制主义下"官本位"意识的影响,公民的臣民意识残余尚存,自主意识、政治参与意识、监督意识等现代公民意识发展缓慢。一般认为,道德的发展依靠社会舆论来维系,往往较成熟的社会舆论环境能促使道德的形成与稳固,在官德的建设上也能大大减少成本。我国的干部道德建设一直缺乏较好的社会舆论观念基础。随着信息社会的发展,媒体和民间各种力量虽然日益突起,但总体上整个社会的现代公民意识仍然不足。比如我国现阶段的干部监督制度建设,在一些制度上已经取得了不小成就,形成了基本的监督机制,但监督效应仍然达不到预期的成效。总之,干部道德建设不能在真空中进行,必须与现代公民意识培养有机结合起来,重视发展公民意识以及发挥民主和舆论的监督作用。

最后,法律、制度的本土伦理化问题。研究国外制度、法律等他律性建设及带来的益处,容易产生恨不得把那些典型廉政国家的经验全部搬运、移植过来的迫切心情,然而这样的"拿来主义"又容易让我们掉入不切实际的

---

① 杨成炬:《公务员制度的中国语境研究》,安徽大学出版社,2014年,第232页。

陷阱。有学者指出,"法律移植不过是立法者建立政治秩序过程中采取的简便而暂时的立法方式而已。真正的法律不是制定在法典中,而是播种在整个民族的心灵里,这样的立法必须符合民情,不可能依赖移植完成,它终归要回归到这个民族的文明传统上来"①。的确如此,制度、法律的制定,如果不能从根本上符合本民族的伦理文化,就不能获得人们真正的信仰与追求,更不能在这个地方真正获得生命力。因为"一个社会的法治或法制如果能够建立或形成,最根本的原因是这种法治或法制大致满足了社会的需要,而不是因为它承袭了先前的制度"②。我国干部道德建设中的法律、制度建设,必须基于中国的现实国情、人文传统来设计,获得法治精神、制度精神的伦理支持,由内而外建立制度的"大厦"。这也是伴随中国式现代化发展的一个重要议题。总的来说,在他律手段上,无论是从道德规范可能被滥用或抵制的角度还是从法律、制度本身比道德约束更具强制性的作用来说,我们面临的困难不仅是宏观上法律、制度的生根发芽,还有更多具体的、专业的问题,如监督机制、舆论机制等,必须把它放在更重要的位置去研究、探讨、建构以及在实践中完善,才能真正形成依法治党的强制力量。

学者李建华指出:"缺乏自律的道德,不是完全意义上的道德;没有官员的道德自律,就没有现实的官德。但是,道德作为一种特殊的社会规范,从来就不是主观自生的,首先是作为一种他律性规范而存在,反映了社会生活秩序的必然性要求。同时,道德作为社会调控的手段,离不开社会系统的'合力',外在于人的道德规范,需要他律的支撑和推动,才能有效地转化为人们心目中的自律准则。……我们可以说,局限于自律的道德,绝不是现实的道德;排斥他律的道德,只能是一种主观愿望;道德是自律和他律的统一

① 强世功:《迈向立法者的法理学》,《中国社会科学》,2005年第1期。
② 苏力:《道路通向城市:转型中国的法治》,法律出版社,2004年,第6页注6。

体。"①的确如此,我国干部道德建设必须强调自律与他律的不可偏废。曾经产生一种过分崇拜的感情并导致对道德自律的轻视与对他律的极大推崇,这种做法又陷入了另一个误区。美国联邦道德法改革委员会在其1989年公布的一份报告中就有如下这一段话:"法律和规章永远也不可能把一个有道德的人所应该做的事一件不漏地讲述得一清二楚。法律和规章只能设定行为的最低标准。而行为上可能的差异是数不胜数的,根本不可能靠一纸条文来描述和查禁。"②也就是说,法律、制度不能完成一个人的道德行为塑造。汉斯·屈恩也在《反腐斗争要求一个伦理规范体系》一文中曾强调了伦理之于腐败的重要意义。没有伦理规范体系作内在支撑,反腐败斗争将变得毫无希望。因此,在比较研究的视角下,我党既要充分激发干部自律修身的道德力量,又要不遗余力地完善干部道德法制、制度,软硬兼施、双管齐下推动全面深化改革时期的干部道德建设。

第二节　基于内在逻辑关系研究的干部道德建设路径

把干部道德建设作为一个整体来研究,我们可以发现其发生的内在逻辑关系过程是通过多方面的载体将一定的道德观念、道德认识在干部群体中传播、扩散,并且有意识地、主动地促成他们心理上的接纳与认同,并逐渐吸收内化成自身较为稳定的价值观念、外化为良好的道德实践。从干部道德建设发生、发展的内在逻辑关系过程出发,要以整体的观点从以下五个方

---

① 李建华:《中国的官德》,北京大学出版社,2012年,第273~274页。
② 刘笑菊:《道德控制:PSC检查中行政自由裁量权控制新视角》,《中国水运》,2010年第12期。

面加强建设。

一、干部道德建设的理论准备

理论工作是做好一切工作的基础。干部道德建设是一项文化工程,一方面其自身就包含各种价值观念、思想意识、道德判断等,发展也离不开政治伦理、社会学、心理学、管理学等多种理论知识的综合运用;另一方面,干部道德能力的提高必须依靠理论学习。

一是从干部道德建设的整体工程来说,干部道德建设作为一个复杂的系统,每一个环节的开展都需要理论的支撑,才能满足它在实践中的发展。现在我们遇到一些难题,包括如何提高干部道德建设的有效性、干部道德内容的确定、干部道德建设手段的创新、干部道德考核如何能发挥实际作用、干部们接受道德教育的心理机制、干部道德建设中的法治建设研究等,要解决这些难题不仅需要实践中的不断尝试性推进,同时也需要理论的研究与探索,从而为实践提供建议进而提高实践过程中的准确性、科学性。具体地说,尤其要注重对干部道德内容、规范等进行系统梳理以形成科学的理论体系,从而为干部道德教育提供合理的教化理论内容,这是干部道德建设的道德基石。干部道德规范是理论储备的现实呈现,它将提供给干部行为规范标准,确立什么能做什么不能做,是干部在处理利害冲突时的参照。明确的干部道德规范也可以因此提高管理行政人员的行为的效率,从而树立公众对政府的信心。它的种类是多样的,有用来表示上级对下属期望的理想性的,有要求务必照做的强制性的,有预防性的、提醒性的,有惩罚性的甚至带有法律性质的,或综合以上的,等等。我国现实存在的干部道德规范则更多是期望性、理想性的,整体上容易导致约束力不足,或者造成言行不一致的分裂感。在美国的公共行政学教学中,美国公共行政协会全国理事会于1985

年通过的道德规范是行政人员必读教材之一,对他们起着类似样板的作用。

它的 12 条简要摘录如下:(一)在一切公众活动中,个人的行为要表现出高度的正直、诚实和毅力,以激励公众对政府机关的信心和信任;(二)在执行公务时不得趁机谋取私利;(三)回避任何与自身公务有冲突的利益或活动;(四)支持、执行、促进业绩制和公平就业计划,力争通过从社会全体人员中招聘、挑选和提升合格者来达到就业机会平等的目的;(五)消除任何形式的非法的歧视、欺诈以及滥用公款,同事试图纠正这些情况遇到困难时要给以支持;(六)对公众服务要有敬意、有爱心、有礼貌、负责任,要意识到为公众服务是为自己服务的延伸;(七)力争个人专业优秀,鼓励同事和试图进入公共行政领域的人提高其专业水平;(八)对组织和作业职责持正面的态度,支持信息交流畅通、勇于创新、兢兢业业、富有同情心;(九)对在履行公务过程中接触到的内部信息要尊重、要保护、不外传;(十)尽量行使法律许可范围内的裁决权以促进公众利益;(十一)个人的职责包括随时了解新出现的问题;执行公务要符合专业水准,公正、不偏不袒,注意效率和效果;(十二)要尊重、支持、学习,并尽力完善联邦和州的宪法以及阐明政府部门、雇员、服务对象和全体公民之间的关系的其他法律。①

这些道德规范主要从禁止、惩罚及遵守的问题上清晰阐释了对行政人员提出的道德行为要求。它不仅体现了本职工作的道德要求,而且涵盖了组织之间、组织内人际间的交际道德要求,对制度、法律的态度等,从而从根本上展现行政人员从事公务的理念。相比而言我国干部道德规范的内容需要加强理论研究的纵向深度,系统性扩展道德规范内容的广度与明确度。有学者提出"从体系性角度分析,行政伦理是包括行政思想、行政态度、行政责任、行政纪律、行政良心、行政荣誉、行政作风等七个主要范畴的行政道德

---

① 马国泉:《美国公务员制和道德规范》,清华大学出版社,1999 年,第 100～101 页。

范畴体系"①。这种更加清晰、条理化也更具实操性和后果性的干部道德规范理论将成为新一轮的发展趋势,从而深化干部对行政伦理道德的认识,增强对干部道德本身的理解,从而约束干部的从政行为。

二是干部道德能力的提高必须依靠理论学习。习近平总书记曾指出:"理论修养是干部综合素质的核心,理论上的成熟是政治上成熟的基础,政治上的坚定源于理论上的清醒。从一定意义上来说,掌握马克思主义理论的尝试,决定着政治敏感的程度、思维视野的广度、思想境界的高度。"②因此,"加强思想教育和理论武装,是党内政治生活的首要任务"③,其中最重要的是加强党员干部的理论修养,以坚定理想信念、增强政治定力为核心。"坚定的理想信念,必须建立在对马克思主义的深刻理解之上,建立在对历史规律的深刻把握之上。"④全党干部要深入学习马列主义、毛泽东思想、邓小平理论、"三个代表"重要思想、科学发展观、习近平新时代中国特色社会主义思想,才能增强马克思主义思想觉悟与理论水平,用真理来武装头脑、指引理想、坚定信仰。与此同时,当前中国正处于全面深化改革的关键时期,反腐败对党的建设带来了重大挑战,必须强调保持政治定力。而政治定力的形成必须以深厚的理论修养为基础,要在思想上政治上排除各种干扰、消除各种困惑,坚持正确的立场、保持正确的方向,与错误的思想作斗争并经受住各种政治考验,从而做到理论上的坚定成熟。

三是加强党的理论修养要强化四史的学习。历史折射出的理论认识是最客观深厚也最具说服力的,能很大程度激发现实中的主体发扬优良传统,

---

① 李建华:《中国官德》,四川人民出版社,2000 年,第 75 ~ 76 页。
② 习近平:《在中央政治局"三严三实"专题民主生活会上的讲话》,2015 年 12 月 28 日、29 日。
③ 习近平:《在党的十八届六中全会第二次全体会议上的讲话(节选)》(2016 年 10 月 27 日),《求是》,2017 年第 1 期。
④ 习近平:《在庆祝中国共产党成立九十五周年大会上的讲话》(2016 年 7 月 1 日),人民出版社单行本,第 11 页。

自觉承担历史使命。我国一直有以史为鉴的优良传统,对于党员干部来说,要持续重视对四史的学习,包括中国革命史、中国共产党党史、中华人民共和国史、中国改革开放史等,充分认识被实践证明了的历史逻辑和现实逻辑,真正增强对中国特色社会主义道路自信、理论自信、制度自信、文化自信,从而做好广大人民群众的政治引领者。

四是坚持用马克思主义及其中国化的创新理论来武装全党,大力建设学习型政党。党员干部要真正学懂用会马克思主义,特别是领会了贯穿其中的马克思主义立场、观点、方法,深刻认识和准确把握共产党的执政规律、社会主义建设规律、人类社会发展规律等,才能在纷繁复杂的形势下,坚定党的思想路线、坚持正确的方向。时代在变化,社会在发展,我们所处的时代已经与马克思所处的时代不一样了,我党不断进行理论创新,党员干部同时也要不断地进行新理论的学习,坚持不懈用马克思主义中国化最新成果武装头脑、凝心聚魂,不断提高全党干部的理论思维能力和思想政治水平。要特别加强理论联系实际的学风,紧密联系党和国家事业发生的历史性变革,紧密联系中国特色社会主义进入新时代的新实际等,自觉运用理论指导实践,使各方面工作更符合客观规律、科学规律的要求,不断提高执政能力。

总之,从道德主体上要督促干部们不断加强理论学习,提高自身理论层次、理论修养从而武装头脑。绝不能不懂装懂蒙混过关,更不能僵化思想、不求上进,而要不断运用知识理论指导工作,增强理论联系实际的能力;对于干部道德建设系统工程来说,要加强专业性的知识储备,不断加深理论准备并深化理论的现实呈现,在理论、实践、再理论、再实践的方法中推进其科学的发展。

二、干部道德建设的载体运用

载体是进行承载、运输或传导的物质。在日常的工作、生活中,人们都会自觉或不自觉地使用大量的干部道德载体。载体运用是干部道德建设中的一个重要内容,它一方面传导、传播干部道德内容,另一方面也体现了干部道德的情况。一般而言,它包括文化载体、言行载体、物质载体等。

文化载体主要包含在宣传传播的规范内容本身,以及干部道德建设相关理论成果、艺术成果。对于在宣传传播中的规范内容本身,要持续加大多种途径方式的扩散与教育,实现规范内容的入脑入心。与此同时,重视相关理论成果的支持与发表以及丰富符合主旋律的艺术作品,特别要推出经典又有广泛影响力的作品,在学术与大众的文化领域掀起良好的干部道德风潮。

言行载体最重要的就是极具示范性的道德榜样,它是在实践中存在并具有肯定意义的正面典型。我党一直坚持典型引路,习近平总书记向干部提出:"像领导干部的好榜样焦裕禄、孔繁森、郑培民等英模人物那样,做一个亲民爱民的公仆,做一个忠诚正直的党员,做一个靠得住、有本事、过得硬、不变质的领导干部。"[①]在学习杨善洲精神、做人民满意的好党员好干部座谈会上,他强调要学习杨善洲同志"以干事为责,以干事为荣,以干事为乐"的精神,把个人的人生追求和价值目标与祖国事业融合一起并为之奋斗。优秀的人民干部就是我党取之不竭的正能量,他们的行为、事迹可以影响人、教育人、感染人、带动人,他们具有的品格会放射出磁石般的力量,成为追随他们的人的最终目标也是最具希望的象征。

---

① 习近平:《之江新语》,浙江人民出版社,2007 年,第 84 页。

　　强调道德榜样的载体要关注两个问题,一是增强道德榜样与效仿者的利益相关度,增加道德榜样的效仿度。"人们总是选择那些对他们具有实际利益的人物品德作为道德范例的。作为一种异己的、对立的现象,并不是可亲的。让人企望无求,或冷酷伪善、于己有害的反面人物不能成为道德范例。"①因此,要选择多挖掘新时代或贴近时代的典型,从而增加效仿者对道德范例的认可度,增强模仿的积极性。同时更及时挖掘身边现存的鲜活的先进模范,从而对效仿者产生的刺激度与吸引力会相应更大。如果非到殉职之后才开始受到关注大肆宣传的,容易造成一种不到鞠躬尽瘁、死而后已而不能尽兴的悲壮感,或者是给人感觉过分拔高的范例,令大多数普通干部产生望而却步的心理。另外,要根据岗位工作职责的有所不同,考虑树立具有职业特色的模范,而非是千篇一律的道德形象。广泛利用各种新媒体、网络等多样载体,对道德典型作持续、深入的报道,注重展现他们的成长道路,不作故意拔高或者神化,用更为通俗、生动的方式实事求是地传播其道德魅力,增强效仿者的自信心。最终,在实际工作中,释放道德模范的力量要强调它作为一种崇高精神的指导、引领作用,注意不能将它化作普遍性的道德要求去操作,否则只会产生差强人意的结果。二是减轻现实生活中坏榜样的恶劣影响。"现在我们党有一些干部,不愿意去贫困地区考察,不愿意到贫困户家里坐一坐,更不愿意同有困难的群众聊一聊","下基层调研走马观花,下去就是为了出出镜、露露脸,坐在车上转,隔着玻璃看,只看'门面'和'窗口',不看'后院'和'角落',群众说是'调查研究隔层纸,政策执行隔座山'"。② 现在干部队伍中不仅仍然存在一些形式主义、官僚主义的恶劣形象,俗话说"好事不出门,坏事传千里",干部队伍要特别注意拔除这些不良

---

　　① 曾钊新、李建华等:《道德心理学》,中南大学出版社,2002 年,第 268 页。
　　② 中共中央纪律检查委员会、中共中央文献研究室编:《习近平关于党风廉政建设和反腐败斗争论述摘编》,中国方正出版社、中央文献出版社,2015 年,第 14 页。

言行的个体少数,主动维护好干部的道德形象,争做自重、自省、自警、自励的好榜样。物质载体更强调载体的实体形式,在上述文化载体和言行载体中,实际上都与物质载体交叉呈现。物质载体更具稳定性和外显性,在干部道德建设过程中贯穿始终。随着信息时代的迅猛发展,数字化技术正掀起了各行各业的颠覆性变革。干部道德建设的物质载体也要求应适应时代发展,积极探索信息化、数字化、虚拟化的新形式。加强以大数据、云计算、5G、虚拟现实、人工智能等数字技术为基础,对干部道德建设的资源进行高效整合利用,在数据要素支撑和驱动下推动干部道德建设有效开展与提质增效。

总之,载体运用对干部道德建设来说是必然一环,要从丰富性、多样性、便捷性、时代性等方面提升它在助力干部道德能力上的效用,用创新的思维推动它的逐步体系化。

三、干部道德建设的心理需求

道德与心理关系密切,道德的形成离不开心理。"道德缘起于道德主体的内心;任何道德品质的内化都依赖于道德心理的形成;任何道德行为的发生都必然存在着动机,而动机也与心理范畴密切相关。"[①]诚然,从道德形成的原始起点到内化为道德品质这一终点的过程,心理因素可谓起着极大的作用。以心理需求推动干部道德行为养成,在全面深化改革的新时期,要从以下着力点去思考和建设。

首先,人的道德行为源自心理需求,要从根本上激发干部的道德心理需求。心理需求是人们行为的内驱动力,就像马克思曾经指出的,"任何人如

---

① 李建华:《道德情感论:当代中国道德建设的一种视角》,北京大学出版社,2011 年,第 2～3 页。

果不同时为了自己的某种需要和为了这种需要的器官而做事,他就什么也不能做"①。道德的需求是基于这样的一种心理发生机制,从不自觉的意识到自觉的意识从而形成道德的种种。随着市场经济的发展,我们也一再强调利益对道德的决定作用,而实际上,这种决定作用就是通过人的心理需求机制来实现的。"人'需要什么'是没有利益感的,也无所谓道德问题。金钱、地位、名誉等人人都需要,不能说谁需要金钱,谁就不道德,谁不要钱,谁就道德高尚。问题在于怎么样要钱,君子爱财,取之有道。这就说明,只有需要的满足,才构成利益,才有道德问题。"②也就是说,利益问题本质上就是心理需要问题。"利益实际上就是实现了的需要,被满足了的需要,是人对需要的满足程度和大小的实际体验。"③一个有道德需要的人总是能在道德行为中获得心理的满足,他把对社会、他人的贡献当作自己想要的利益,从而快乐、充实;反之,一个没有道德需要的人,则是把谋取个人利益当成最重要的利益满足,不乐意去做那些所谓"道德"的事情。也由此,要从根本上激发干部对道德的"心理需要",从合理利益关系中建设并养成其的"心理需要"。

其次,构建符合干部道德心理上的层次需求。著名心理学家马斯洛认为人的行为需要心理动力来实现,提出生理、安全、归属与爱、尊重、自我实现五个心理需求层次。虽然这一理论有其局限性,但也明确了人的需要有高低的层次,是符合人类行为发展的一般规律的。以干部为主体,其道德心理需求的形成不仅要以合理利益关系展开,同时也要形成科学的层次体系,尤其强调从安全需求、尊重需求、自我实现三层次构建心理需求金字塔。道德安全需求从底线原则来分析主体因缺乏道德的行为会感到焦虑或者恐

① 《马克思恩格斯全集》(第3卷),人民出版社,1995年,第286页。

② 李建华:《道德情感论:当代中国道德建设的一种视角》,北京大学出版社,2011年,第102~103页。

③ 曾钊新:《道德心理论》,中南工业大学出版社,1987年,第75页。

惧，为了让自己处于一种安全的氛围中会选择的道德行为。道德尊重需求是一种更高层次心理需求，因为自尊的需要是基于主体想要的力量感与价值感，使自己成为一个更有能力有创造力的个体从而选择实施良好的道德行为。道德自我实现需求是较高层次的心理需求，它是基于主体自我发展的需要，个体将有更高的道德追求需求来完善生命的价值。三种道德心理层次从低到高，在较低层次的需求上制定一定的惩罚手段从而保障行为底线，在中等以及较高层次的需求上分别制定积极的奖励措施对应其心理发展需要，以此进一步明确干部在实际生活中对道德的心理需求及行为选择。

再次，创造积极稳定的道德建设心理氛围。当人们形成一定的道德心理需求后，真正转化为道德行为的事实仍然需要心理动力能得以维持的心理氛围（环境），即诸多因素的综合作用才能得以实现。古人称"从善如登，从恶如崩"。道德行为是一个付出努力的过程，需要道德主体有坚强的意志，克服困难及消极因素，排除干扰诱惑，一旦没有心理动力的维持尤其是整个道德的氛围，就很容易败下阵来，失去道德的热情。因此，干部道德建设不是一个完全独立的系统，它依赖于社会整体道德氛围。当"扶不扶"成为人们实践道德上的疑问，迫使我们不得不面对道德失范现象对整个道德建设环境带来的消极影响。因此，大力创造积极稳定的道德心理氛围，尤其加强社会主义核心价值观的教育与传播，引导人们形成正确的三观，明辨是非善恶、崇德尚正。

最后，预防并避免消极的心理需求对主体作出道德选择时产生的阻碍。官场存在一些"有捞不捞白不捞"的腐败"合理"心理、"常在河边走，总想不湿鞋"的腐败侥幸心理、"法不责众"的腐败安全心理[①]等，这些消极的心理意识对干部践行道德时产生很大阻力，将增加更多不必要的"权衡"，从而降低

---

① 李建华、周小毛：《腐败论》，中南工业大学出版社，1997 年，第 141～150 页。

行为的心理动力,甚至可能导致行为的放弃。因此,在尊重道德主体并遵循心理作用机制规律的基础上,要作一些预防、矫正、纠正的工作,提供适当的干部教育,扫清正常道德心理需求的障碍,绝不能忽视现存的消极腐败心理认知。

"万物森然于方寸之间,满心而发,充塞宇宙,无非此理。"(陆九渊《陆象山全集》卷三十四)道德与心理息息相关,干部道德建设要强调以心理需求为基础,以此形成健康合理的发展路径。

四、干部道德建设的环境氛围

人们的一切生活离不开环境,这样的环境称之为社会;人们的一切道德活动也离不开周围的环境,这样的环境称之为道德环境。马克思认为,人创造环境,同样环境也创造人。特里·库珀也指出:"个体的道德品质和道德思考过程要求有力的环境支持才能导致负责任的行为。"[①]还有学者指出:"法律与规则的执行依赖于良好的道德氛围与道德环境,依赖于宏观社会环境的道德程度。如果宏观道德环境很差,公众对腐败没有强烈的反感,或缺乏遏制腐败的强烈愿望,公共行政人员必定缺乏道德责任心,他们的公共行为动机中就会出现个人私利,从而误解、违背公共利益,那么,再好的法律、再强大的反腐机构都会失去效应。"[②]道德环境作为主体道德实践活动赖以进行的各种外部条件的总和,其中良好的道德环境有利于道德活动的发生;相反,恶劣的道德环境则会减少道德活动的发生。对干部道德建设来说,道德环境支持因素一般包括了组织制度、组织文化、社会期待等内容。

---

① [美]特里·库珀:《行政伦理学:实现行政责任的途径》,张秀琴译,中国人民大学出版社,2001年,第156页。

② 郭夏娟:《公共行政伦理学》,浙江大学出版社,2004年,第128页。

首先,营造良好的道德环境,以不断推进党的组织建设为重点。组织是党员干部成长过程中最重要的一个环境,组织得力、严明,党员干部的成长也会顺利有保障。一方面,要全面抓好党的组织建设中的各项工作,健全包括组织设置、组织生活、组织运行、组织管理、组织监督等在内的完整组织制度体系,不断提高党的组织建设的制度化、规范化和科学化水平,真正从严治党。另一方面,组织建设相应的伦理支持力度要加强。除了制度的外显性建设,现在组织制度正义问题越来越受到关注。有学者认为,"官僚机构是个'道德迷宫',可能分散个人责任的倾向并容易把本质从现象中分割开来,亦会把行为从责任中分割开来,从而导致道德标准受到侵蚀,而同时组织上存在的制度权威被滥用并压制了个体道德行为"[①]。也就是说,组织制度是否符合伦理道德的观念,决定了对道德行为形成的作用是积极还是消极,是行为环境好坏的根本。

其次,从组织文化来说,要大力倡导积极健康的干部道德文化。现在一些腐败文化或者潜规则的风行已经对干部的道德生活产生了一些消极影响。习近平总书记曾尖锐地指出:"在思想政治上,一些人信奉'马列主义对人,自由主义对己','两个嘴巴说话,两张面孔做人';在组织生活中,一些人信奉'自我批评摆情况,相互批评提希望','你不批我,我不批你;你若批我,我必批你','上级对下级,哄着护着;下级对上级,捧着抬着;同级对同级,包着让着';在执行政策中,一些人信奉'遇到黄灯跑过去,遇到红灯绕过去','不求百姓拍手,只求领导点头';在干部任用中,一些人信奉'不跑不送、降职使用,只跑不送、原地不动,又跑又送、提拔重用';在人际交往中,一些人

① 李建华、夏方明:《论行政人格的功能及其域限》,《湖南文理学院学报》(社会科学版),2005年第30卷第3期。

信奉'章子不如条子,条子不如面子','有关系走遍天下,没关系寸步难行'。"①这些潜规则或者贪腐文化似乎是那么司空见惯,以致于人们接受贪污是自己文化的一部分。因此,它们不仅成为腐蚀干部道德、破坏官场风气的沉疴毒瘤,而且与正式的组织制度文化相左,导致大量伦理冲突的存在,严重地干扰了干部的行为判断与选择,更加常常压制和打击正常的道德行为并怂恿不道德行为。因而习近平总书记告诫全党:"这些年,一些潜规则侵入党内,并逐渐流行起来,有的人甚至以深谙其道为荣,必须引起我们高度警觉。"②由此,必须高度重视组织文化建设,大力倡导健康的组织文化以洗涤清除腐败的文化,用习近平新时代中国特色社会主义思想凝心铸魂,营造向上的道德环境。

最后,合理地调整社会期待。干部道德的社会期待一般是指社会对干部道德行为的期待,包括公众及法律、政策。我国公众对干部的道德期待一直处于极高状态,这与我国悠久的德治传统以及浓厚的官本位意识有关。它产生的积极面是有利于干部顾忌公众舆论而主动规范自己的言行;消极面则是人们对干部的道德要求过高从而不够理性或过于敏感,一旦有官员腐败事件进入公众视野,过高的期待所引发的失望、失落与痛恨、不满之情会更大,容易激发干群矛盾。因此,要适当引导民众对干部道德的期待,避免过高或者消极的期待,尤其要从新的时代环境中寻求建立起符合时代发展需要的道德期待,严格区分公私德并把它们放到合适的位置去认识。相比较而言,法律、政策是更为一般的、持久的、固定的社会期待。现在有一些自由裁量权滥用现象、"一手遮天"现象、人比制度"管用"现象等,对官场秩

---

① 中共中央纪律检查委员会、中共中央文献研究室:《习近平关于党风廉政建设和反腐败斗争论述摘编》,中国方正出版社,2015年,第45页。

② 中共中央文献研究室编:《习近平关于全面依法治国论述摘编》,中央文献出版社,2015年,第10~11页。

序产生了一些消极影响,也破坏了正常的法律政策上的社会期待。因此,要重视法律、政策带来的更加稳定的社会期待,将社会期待引入理性、科学且时代化的发展轨道。

总之,良好的道德环境能充分激发干部们的道德潜能并选择做一个有道德责任感的人;反之,腐败盛行的官场,那些洁身自好的干部反倒会成为无辜的牺牲品。因此,干部道德建设必须重视优化道德环境,坚决粉碎落后的官僚思想与腐败文化,努力建设合法正义的组织制度,形成法律、政策及公众的良好社会期待,从而营造一个培养干部道德品行的积极环境。

五、实践至上的干部道德建设

以内在逻辑关系对干部道德建设进行研究,其终端就是实践。就像有学者曾指出的,我们不是"讲道德"的活动,而是"行道德"的活动。衡量干部道德建设是否有成效,实践是最终标准。因此,要提倡实践至上的干部道德建设,推动干部在自己的身体力行中,真正提升道德水平。

首先,道德本身就是人们对"实践精神"的把握。马克思把人类认识和把握世界的方式分为四种,包括科学理论的、宗教的、艺术的和实践精神的。道德虽然属于精神范畴,但它是"一种以指导人们行为为目的,以形成人们正确的行为方式为内容的实践精神,因此它也是实践"[1]。人们在实践中形成道德观念,又把这些观念作为指导现实的思想认识,再通过实践实施道德行为,最后又在道德活动中发展自己的道德认识,这就是道德在现实世界里循环往复的发展过程。所谓内得于己,外用于世,德行兼一。如果道德只停留在人们口头上,而没能落实在实际的行为里,那再高的理论水平也只是一

---

① 罗杰国主编:《道德建设论》,湖南人民出版社,1997年,第481~482页。

种伪道德。其次,干部道德建设能否成功的标准是干部在实践过程的行为表现。现在有一种消极的现象,就是部分人对讲干部道德、建设干部道德这一类的东西不那么期待了。论及原因,其一就是相比媒体报道的零星的优秀干部事迹,在现实中人们看到的更多是说一套做一套的干部以及一些令人大跌眼镜的腐败案件。久而久之,这种知行分离的现实渐渐磨灭了人民群众的信心从而接受"沦丧"的现实,或者对建设干部道德、提升干部道德持麻木、戏谑或嘲弄的消极态度,甚至扩散到对一切道德现象持否认、怀疑态度,这些都是十分危险的。

最后,道德能力最终是同改造客观世界的实践活动相联系,要提升干部道德水平必须强调道德教育对实践活动的运用与日常生活中个体反复实践、体悟的方式。道德作为一种具有"实践精神"的意识形态,它的塑造工程是离不开实践活动的。要通过经常、持久地开展一些道德实践活动,在实践、认识、再实践、再认识的往复循环中提升道德能力。习近平总书记曾指出,"使核心价值观的影响像空气一样无所不在,无时不有"[①]。这种"无所不在、无时不有",不是广泛的宣讲教育,而是强调它要通过丰富多样的实践活动,从而实现内化于心,外化于行,真正发挥"无所不在、无时不有"的效果。同时,这种实践活动的内容应随着时代而变化,反对一切形式主义、本本主义与教条主义,坚持实事求是、与时俱进,挖掘颇具时代特色、有吸引力的实践活动,更加贴近道德主体的心理需要,以此增强道德教育活动的效果。与此同时,要推动干部个体在日常工作、生活实际中的道德躬行。将道德教育实践活动中体验的道德内容、形成的道德情感,扩大延伸到生活实际、日用觉察之中,形成稳定持久的道德品格,才能完成个体道德能力上的真正提升。

---

① 李维编著:《习近平重要论述学习笔记》,人民出版社,2014年,第268页。

总之，人们的道德能力必须通过实践才能进一步深化、发展，经历了反复的道德实践，才能产生真切的道德情感，形成更加强烈的道德责任意识。同时为了避免干部道德建设沦为"讲道德"的单向意识形态灌输事件，我们必须立足于长期不懈的道德实践，不仅不断丰富、创新各种道德教育的活动，更要鼓励干部投入全面改革开放的时代大实践，"坚持实践，实践，再实践"，锻造出经得起考验、干得过挑战的、过硬的干部道德。

第三节　对特定现实问题——干部道德考核具体化的推进

干部道德考核问题承担了了解干部道德情况、监督干部道德行为、真正落实"以德选人"干部政策的重大责任。自确立"德才兼备、以德为先"的人才方针以来，如何在实践中推进干部道德考核具体化工作，以科学的干部道德考评机制落实干部政策中"德"的标准，成为受到全社会共同关注的热点难题。2008年，习近平同志在全国组织部长会议上进一步明确了干部道德的考核范围、考核重点与考核方式，提出把政治品德、职业道德、家庭美德与社会公德作为干部"德"的评价标准，并同时把理想信念是否坚定、是否坚持执政为民、是否求真务实、是否坚持民主集中制、是否清正廉洁等列为领导干部道德的评价要点。2009年，习近平深刻指出，干部的德考准考实既是重点也是难点。在2011年全国组织部长会议上，习近平又提出"要坚持德才兼备、以德为先用人标准，对干部'德'的考察，要坚持把个人述职、民主测评、个别谈话、民意调查、实绩分析和年度考核、巡视监督、关键时刻考验等多方面多渠道的考察有机结合起来,全面、历史、辩证地评价干部的德"①。2014 年 10 月 31 日,习近平总书记在全军政治工作会议上的讲话中强调要"完善干部考核评价体系,特别是要把对德的考核具体化"②。党的领导集体不仅特别关注关于干部"德"的考核工作,而且在实践中加快了各种配套政策、措施的建设,大力推动干部"德"的考核具体化获得突破性的发展。

早在 2006 年,中组部就印发实施了《体现科学发展观要求的地方党政领导班子和领导干部综合考核评价试行办法》;2009 年中共中央办公厅印发了《关于建立促进科学发展的党政领导班子和领导干部考核评价机制的意见》,中组部并配套出台了地方考核、部门考核与年度考核等三个考核办法;2011 年 11 月,中组部印发了《关于加强对干部德的考核意见》,对干部德的考核工作作了整体规范,增强了考核工作实施的参照依据;2013 年中央发布《关于加强干部德的考核评价实施办法》,对考核工作中的考核内容、考核方法、考核结果评定等方面有了更加细致、具体的规定,大大加强考核具体化工作的可实施性,等等。一系列干部道德考核相关意见、文件出台,推动全国各地、各单位进入考核热潮。同时,强烈的实践需求也带动学术界结合实际对干部"德"的考核内容、考核方式、考评主体、考核运用等多个方面更多的探讨与研究,丰富了这一时期干部道德考核具体化的理论成果,推进实际工作的科学发展。尽管对道德的考查,始终因其本身的抽象性、评价的标准难以用善恶、是非简单二元化来判定等难题而陷于困境,但作为一个符合现代化发展思路的干部道德建设,必然要思考如何更科学、合理地考评干部的"德"。由此观之,全面深化改革新时期的干部道德建设,必须集中精力厘清

---

① 《把党的建设和组织工作做得更实更好 以优异成绩迎接党的十八大胜利召开》,《人民日报》,2011 年 12 月 19 日。

② 《习近平在全军政治工作会议上的讲话》(2014 年 10 月 31 日),《解放军报》,2014 年 11 月 24 日。

干部"德"的考核具体化相关问题并寻求可靠的解决路径。

一、干部道德考核具体化中存在的矛盾和问题

就目前来说,干部道德考核具体化主要有以下矛盾与问题:

(一)考核内容难以细化

中共中央组织部于2011年10月印发的《关于加强对干部德的考核意见》,将干部"德"的考核内容区分为政治品质和道德品行两个方面,强调突出对党忠诚、服务人民、廉洁自律的要求,并在宏观上划定了考核的范围。政治品质方面围绕政治方向、政治立场、政治态度、政治纪律及党性原则等内容展开;道德品行方面围绕社会公德、职业道德、个人品德及家庭美德展开。但这些标准毕竟是提纲挈领式的,在实际操作层面,尤其具体到各地方单位的实施,仍然显得笼统抽象,存在指标空泛、内容空洞等问题。为细化"德"的考查,有的地方虽然在考核内容上结合当地工作实际进行了积极思考和探索,但结果大多是褒贬不一、毁誉参半。四川省彭山县委曾出台过《科级领导干部德的考核评价(试行)办法》,规定提拔干部先征求其父母、邻居甚至小区物业管理者意见,一名干部因不爱做家务被扣两分,排名垫底。对此,有人认为把家庭美德和个人品行方面的道德缺陷无限扩大,是在用强制性的办法让一名干部做"完人",反倒促成"伪德",与考查目的背道而驰。总的来说,由于各地情况不一,考核内容的主客观条件不一致,科学的细化内容还需要在实践中接受更多检视,一些地方干部考核内容的具体化和细化工作还有待进一步探索。

（二）考核方法过于简单化

目前,对干部"德"的考核方法大多采用个人述职、个别谈话和民主测评等形式。这几种方法具有一定的合理性和可操作性,但仍存在程式化、简单化、低效化等弊病。干部在个人述职时,一般不会讲自己道德品行低劣、一无是处。个别谈话时,涉及复杂的利益考量和心理顾虑,谈话对象未必会反映真实情况。民主测评时,大多采用"量表打勾"的方式,参评人员往往"一勾到底",随意性较大。湖南省涟源市经济开发区一次公开选调干部中,停薪留职人员获得的测评分数竟然比正常上班的还高,这种令人啼笑皆非的闹剧式的结果反证出民主测评方法的不完善。正是因为缺乏创新意识和务实精神,考核方法不健全、不完善,导致干部"德"的考核缺少深入细致的探究和核准,干部思想道德素质优劣难以辨别。

（三）考核结果难以收集

考核中,有四种类型参评群体可能会导致真实情况难以掌握,考核结果失真失准。一是直觉随意型。参评者自身素质参差不齐、文化程度高低有别,对"德"的认识差异较大,加之平时并不留心观察,等到参评时往往凭感觉和印象作出评价,难以讲深入、评准确、顾全面。二是有所顾虑型。主要是怕反映的问题泄漏给考评对象,影响和谐关系,甚至遭到打击报复;怕讲出真实情况,影响考评对象的政治前途和个人声誉;怕讲别人问题被认为是"背后捅刀子",甚至被误认为自己的人品有问题。三是有意隐瞒型。本级组织、单位同事和身边亲友对干部的德行最了解,但由于"宁栽花、莫添刺"的好人主义思想作怪,有的刻意隐瞒自己知道的情况,不愿做出真实反映。四是别有用心型。有个别参评者出于某种私利考量,在组织考评时当面不讲,而是等到别人与自己发生利益冲突时,采取非常规渠道检举揭发或诬告陷害。总之,参评群体本身的素质,其与被考核人之间的私人关系等都极大地影响着考核结果的收集。

（四）考核评语难以做到客观公正

在一些干部"德"的考核的评语中,大多是千篇一律、千人一面,往往以政治信念坚定、思想品德好、贯彻上级指示坚决等公式化、标准化、空泛化语言一带而过。究其原因主要有三:一是不深入细致。目前,对干部的考核大多是将"德""能""勤""绩""廉"合并起来进行,很少把"德"单列出来进行专项考核。考评组人员主要是上级领导和机关干部,对如何组织"考德",研究和思考并不深入,加之又是由干部来评价干部,很难一下子看准干部的"德"。要想写出符合客观实际的考核评语,还有较大差距。二是不想深入细致。对于"德"的重要性,考评组也知道是原则和底线问题,只要考评对象不反党反社会主义,往往也就睁一只眼闭一只眼,更不会如实地把问题写进评语中。三是不敢深入细致。考核中,考评组有时也会发现一些真实情况,但往往因碍于情面或屈服于权力,不好将真实情况写进评语中,只能敷衍塞责、就坡下驴,做个顺水人情。

二、干部道德考核具体化推进的思路与对策

针对以上这些问题,要将干部的"德"考准考实,必须按具体化要求从以下四个方面进行改善:

（一）要突出针对性、差异性,细化内容标准

干部道德考核的内容主要包括政治品德、职业道德、社会公德、家庭美德四个方面或者政治品德、职业道德、社会公德、家庭美德、个人品德五个方

面的内容。一般来说,对社会公德、家庭美德和个人品德的要求大体相同,但对政治品德和职业道德的要求则有较大差异,特别是不同地域、单位与不同岗位、职级、年龄的干部,对其"德"的要求侧重点更加不同。考核中,在把握共性要求的同时,要针对层次差异性,有区别地确定"德"的考核重点内容。比如,地方干部与部队军官、党政机关干部与事业单位干部、中高层干部与基层公务员、领导班子与普通正职干部、行政干部与技术部门干部等,针对这些不同层次、不同岗位的干部,要分别制定既有共性又体现个性的标准体系,真正"考准"干部的"德"。不仅如此,还要强调道德标准的"择要性",设计关键、清晰、科学的内容。如对考核的道德内容作关键性分析,对"德性""德行"与"德能"的要求作出区分,突显核心的道德特征与明确的道德要求以准确理解道德要义;在各个道德指标间设置横向比重与纵向动态追踪,设计能尽量考察出干部的道德全貌又不倚重于一时分值数据的细化标准。从差异性与择要性出发,针对性地细化内容标准,使"德"的考核内容由笼统变具体、由无形变有形、由不可比变可比,力求更趋合理性和人性化,切实增强干部"德"的考核的科学性。

(二)要突出开放性、深入性,优化方法手段

对干部"德的考核具体化",要持有大数据思维,尽可能接受最大多数关系人的评议和评价,力求以最大限度的开放和深入,考出最真实的德行。考核中,要特别注重搞好方法手段的结合使用。

一是要将定性分析与定量分析有机结合起来。关于如何运用定性与定量的方法来考核干部的"德",一直有很大争议。如果没有可量化的硬性指标,仅用定性来描述,"德"的评价难免笼统抽象;如果只用量化办法来考核干部的"德",又难以让人信服,德行高低很难简单用数字来评判。最好的办法就是将两者结合起来,互为补充。既强调定性为主导,又设置定量"硬杠

杠"，科学合理地将"软任务"转化成"硬指标"。如在量化指标的基础上进行定性分析，可以有效防止定性上的千篇一律和定量上的简单打分；在考评方式中把问卷调查与提供佐证材料结合起来，使考核结果更加客观、可靠。

二是要将正向测评与反向测评有机结合起来。在运用现行民主测评手段进行正向测评的基础上，可参考那些深陷囹圄官员的忏悔书，区分不同岗位、职级考评对象，设置"民主意识差，团结意识不强""对外交往乱，出入不健康场所"等内容作为反向测评选项，使反映的问题更直观更明了，"德"的考核更直观更立体，避免参评人员因惯性思维或"老好人"心理，出现概略打分、随意画像等情况而影响考核的真实性。同时，反向测评方式可更加直接地提供干部道德事实依据，切实提高考核的真实性准确性。

三是要将一贯表现与一时表现有机结合起来。干部的道德品行一般会真实地表现在一贯言行中，更会体现在一时一地的关键时刻。如果仅看一时表现容易失之偏颇，而单看过去历史又容易被假象蒙蔽。所以，考核干部的"德"，应当在核准以往德行表现的基础上，紧盯执行决策指示、完成重大任务、应对突发事件、面临严峻考验和对待名利得失等重要节点，搞好跟踪考察，真正看清干部的"实德"。如运用"模拟测试法"，可以不受时空限制地设置出各种情形以考核干部的"一时表现"。

四是要将组织考核与群众评价有机结合起来。干部的"德"到底怎么样，群众看得最清楚，也最有发言权。干部的德行不行，先请群众评一评。考核中，在落实党组织"规定动作"的同时，还要坚持走群众路线，在广泛搜集、全面了解、深入分析的基础上，客观综合形成群众对干部"德"的评价意见。可以说，解决好群众热情参与的问题，对干部"德"的考核至少成功了一大半。

（三）要突出纪实性、责任性，确保评价真实准确

针对考核评价难以较真碰硬的问题，注重以个性化评语、纪实性档案、责任制追究为突破口，确保考核评价的真实性准确性。一是坚持问题导向，写出个性化评语。金无足赤，人无完人。在道德修养上，每个人都有自己的缺陷和不足。考核中，要坚持问题导向，一就是一，二就是二，不捂不盖，点到穴位。特别是要在把握共性特点的同时，针对不同岗位、职级、年龄的干部，作出风格不同的评价，使考核评语更具个性化特点。二是实行跟踪考察，完善纪实性档案。采取实时跟踪、全程记录的"考德"模式，建立干部"德的考核"纪实档案制度，把考核结果装入干部人事档案，形成一幅有形有据、清晰准确的道德修养"轨迹图"。三是强化考核把关，落实责任制追究。实行谁谈话谁负责、谁测评谁负责、谁考核谁负责制度，对于谈话者隐瞒问题、回避矛盾、诬陷诽谤等行为，视情节轻重给予批评教育和组织处分；对组考人员敷衍塞责、刻意隐瞒、弄虚作假等行为，给予党纪政纪处分；对于提供虚假数据和评价结果的单位和个人，应追究其主要领导责任，真正做到谈话不乱谈、测评不乱评、数据不乱给、考核等次不乱判。四是以熟悉性原则与知情性原则来选定考评主体。对考评主体的选定要仔细、谨慎，突出熟悉度与知情度，主要从同单位领导、同事，服务对象与主要生活区域中的人群中选择，切忌用一些完全不了解参评对象甚至没有接触过参评对象的考评主体，导致失真性考核。

（四）要突出实效性、导向性，实现考核结果的反馈和应用

考核的目的，全在于运用。要站在"树好导向、指导实践"的高度，重视对考核结果反馈和运用的具体化。一是运用到干部选拔任用中。把"德"的考核结果作为干部提拔、任用、调整、降职的首要标准，着力选拔德才兼备的

干部,纯洁干部队伍。对那些政治品质有瑕疵甚至有严重问题的干部,必须本着"零容忍"态度,实行"一票否决",最大限度减少选人用人上的决策失误。二是运用到干部教育培养中。根据"德"的考核结果,"对症下药"地开展干部教育培养工作。这里值得关注的重点是将理想教育与基础教育相结合。三是运用到干部管理监督中。要将考核结果与各单位具体实践环境相结合,因地、因时、因人地筛选出需要引起关注的道德问题,点面结合,在平时工作中做好预先的道德监管,完善管理监督约束机制,促使广大干部自觉"重德""修德""守德",争当"信念坚定、为民服务、勤政务实、敢于担当、清正廉洁"①的好干部。

三、干部道德考核量化指标体系分析——以"宁波市江北区领导干部道德评价体系"为例

要推进考核干部"德"的具体化建设,必须不断完善考核量化指标体系,从考核内容、考评主体、评价标准、结果运用等多个维度进行不断地探索与实践,推进考核体系的系统化、科学化、合理化、合法化与常态化,才能真正地把干部的"德""考准考实",从而使干部考核体系真正发挥了解干部道德状况、监督干部道德行为、落实"以德选人"干部政策的重大作用。本书选取"宁波市江北区领导干部道德评价体系",以此简要分析考核量化指标体系的可行性与可能性。

(一)"宁波市江北区领导干部道德评价体系"的主要特征

宁波市江北区领导干部道德评价体系作为国内首个干部德行评价体

---

① 《建设一支宏大高素质干部队伍,确保党始终成为坚强领导核心》,《人民日报》,2013 年 6 月 30 日。

系,是宁波市江北区组织部与同济大学共同设立课题,历经一年多的研究时间正式成形并推进实施的标准量化式的考核指标体系。该评价体系主要有以下特征:包括30道测评题目;在被量化的测试调查问卷上,以政治品德、职业道德、社会公德、家庭美德四个方面为考核的一级指标,同时再细化为11个二级指标与24个三级指标;四个一级指标设置权重值,分别为45%、35%、15%、5%;采用等级鉴定法、行为锚定法、行为对照法等进行考核;数据采集方式以问卷为主,提供相关材料为辅;考评数据搜集对象包括单位、社区和被评价者本人。

(二)"宁波市江北区领导干部道德评价体系"的理论优势与客观缺陷

从理论上分析,"宁波市江北区领导干部道德评价体系"作为一个典型的标准量化式考核指标体系,设计上力求客观、科学,指标尽量量化并体现关键性,具有较强的可操作性。比如设计的指标内容基本涵盖干部道德要求,同时"环保意识""公益活动"等指标具有鲜明的时代意识;针对指标中的不同类型采用不同的评价法:量化指标采用等级鉴定法、半质化指标采用行为锚定法、质化指标采用行为对照法;在数据采集方式上基本以量表问卷为主、其他方式为辅,而其他方式如提供相关材料可以靠材料、事实说话,不用仅凭印象作判断打分,较为可靠客观,如"扶贫帮困"指标需要结对对象的纸质证明、"公益活动"指标需提交志愿者服务记录证明、"理论素养"需提供已发表文章、学习笔记;量化指标的评价值根据现有的数据考核、不定期考试及相应的证明材料等直接进行评定,半质化指标与质化指标的评价值在量表问卷所得到的数据的基础上,运用"模糊综合评价方法"进行量化处理①,并且最终的打分结果通过专门设计的软件系统得出具体分值;"理想信念、政治态度、廉洁性"这三个指标均列为一票否决指标,体现指标关键性要素;各指标的数据来源包括单位、社区和被评价者本人,评价主体涵盖全面;运用一些科学的方法进行统计分析以此设置指标权重值,如层次分析法(Analytic Hierarchy Process,简称 AHP)、专家平均值法,使权重比值更为科学、合理,等等。

与此同时,该指标体系仍然存在一些客观上的缺陷。如学者李建华在研究的基础上指出了该评价体系的一些缺陷,包括指标设计仍然较为粗糙且绝大部分均为质化或半质化指标,现有道德评价体系尚未对指标进行深入分析分解,各指标间的独立性不强,部分指标对领导干部职业特点的适应性较弱,质化指标的评价结果难以客观准确;标准参照系的设计不尽合理,如各评价等级缺乏准确的行为描述导致评价者无法找到参照标准从而难以做出客观定位,评价结果容易出现传统的高大全现象;评价方法的鉴别度低,个体差异无从反映,等等。② 笔者在研究中也看到了这些短板。如在总计 24 个的三级指标中,指标类型为"量化"的项目仅有 4 个:理论素养、学习态度、扶贫帮困以及邻里关系,其他均为质化、半质化类型,整体指标类型的量化程度仍然有所欠缺。标准参照系中一些描述较为粗糙与抽象,客观具体化不足,如三级指标"理论素养"中以"政治修养好/较好/一般/较低,理论水平高/较高/能满足岗位工作的需要/无法胜任岗位工作需要"为标准参照系,以被评价者主观判断的方式进行评价,参照标准太过抽象及评价方法主观化都使得结果难以客观、公正。行为锚定的评价方法虽然比主观判断更

---

① 蒋旭灿:《宁波市江北区领导干部道德评价体系研究》,同济大学硕士论文,2006 年,第 28 ~ 37 页。

② 李建华:《官员的道德》,北京大学出版社,2012 年,第 252 页。

有利于半质化指标的评定,但对于那些对工作行为与效果的联系不太清楚的评价主体,容易着眼于对结果的评定而非依据锚定事件进行考核,从而导致判断出现偏差。此外,笔者在研究中还发现其他一些缺陷。例如,考核体系并没有将领导干部作对象上的区分,如等级、职务、岗位、单位等,也没有设计关于专门部门的指标体系,如纪检部门、民政部门、政治部门等,导致考核体系缺乏针对性与适用性,从而影响数据搜集的结果。道德指标仍然具有强烈的两重性,对"德性"与"德行"的认定仍然十分模糊,根据"德行有时会与德性相背离"的观点,该指标体系是否真正符合道德发展的要求,提升干部道德,仍然有待考证;从道德的隐蔽性特点来说,这些道德指标是否能被评价主体通过被考评对象的一言一行甚至只言片语得出道德事实的真相,并不容易甚至会出现真实的东西被假的东西所掩盖;与反向否定式的考评方式相比较,这样的标准量化式模式的最终评定等级不容易为后续的运用提供切实的依据,等等。

(三)"宁波市江北区领导干部道德评价体系"的实践反馈

从近些年的投入和使用后的反馈来看,"宁波市江北区领导干部道德评价体系"的创新既受到中组部与浙江省委组织部的肯定,认为其具有一定推广价值,同时也遇到了一些困境与阻碍。从报纸网媒如《民主与法制时报》《今日早报》、浙江在线等一些跟踪报道中,可以获取的积极经验与不足之处具体如下:

积极经验方面,一是该考评体系的确客观上增强了干部道德修身的导向,激发了道德驱动力。如一些被报道出的事实与个人感受:就像"经历一次高考",因不断测评的压力导致时刻不敢放松要求,对道德要求有了更清晰的标尺、慢慢将应付测评的压力转化为自觉行动、"以前不太注意的一些事,像对环保的注重、公益活动的参与,现在都要重视了"①,有种"如履薄冰"
的感觉,等等。调查记者在《民主与法制时报》上指出:"德行考评使江北区
一些领导干部平时的生活细节和精神面貌悄悄地发生了变化。在庄桥街
道,几乎每一个领导干部都和一户或者几户困难家庭结对,定期去看望他
们,帮他们解决一些实际问题。"②二是考核过程与结果成为了解干部情况的
重要方式之一。"组织部门称考评结果与平时掌握的情况基本吻合。"③江北
区组织部副部长张亦平认为考核的分数"肯定能反映出问题"④。三是考核
指标的具体内容颇受肯定。江北区委组织部干部一科科长说:"这是对领导
干部 8 小时之外的监督。我们在调研时,社区居民的许多建议被采纳,这些
大多是量化的指标,如果一个领导干部家庭关系和邻里关系很糟糕,也能反
映出这个干部的品德,比较一致的意见是不赡养老人的干部品德肯定有问
题。"⑤四是把社区划为考核主体之一(主要由所在社区居委会工作人员、楼
道组长、政协委员、人大代表和党代表打分)受到认可。"一年到头如果不参
加社区公益活动也能看出其品德,我们认为,领导干部品德表现在单位内和
单位外应该是一体的。"⑥江北区庄桥街道天水社区居委会支书陈必华说,
"表虽然内容很多,但很容易打分,一个领导在我们社区里,他家里的情况和
邻里的关系,我们多少有些了解,我们很容易找到相对应的选项来打钩,不
需要揣摩"⑦。

　　实践反馈中对不足之处的思考与疑惑仍然较多。一是关于考核分数的
意义问题。江北区组织部有官员表示,"一个人会随着职位的变化和环境的

---

① 孔令泉:《官员道德考评的宁波样本》,《民主与法制时报》,2010 年 7 月 31 日。
② 孔令泉:《官员道德考评的宁波样本》,《民主与法制时报》,2010 年 7 月 31 日。
③ 孔令泉:《官员道德考评的宁波样本》,《民主与法制时报》,2010 年 7 月 31 日。
④ 孔令泉:《官员道德考评的宁波样本》,《民主与法制时报》,2010 年 7 月 31 日。
⑤ 孔令泉:《官员道德考评的宁波样本》,《民主与法制时报》,2010 年 7 月 31 日。
⑥ 孔令泉:《官员道德考评的宁波样本》,《民主与法制时报》,2010 年 7 月 31 日。
⑦ 孔令泉:《官员道德考评的宁波样本》,《民主与法制时报》,2010 年 7 月 31 日。

变化而发生改变,领导干部也是如此,功臣堕落成罪犯的比比皆是"①。也就是说,考核分数良好的干部不一定就不会出问题,甚至说一些贪官腐吏也不是用考核分数能评定出来的。在这一点上,江北区组织部也并不认为分数的高低意味着官德的好坏。江北区组织部副部长张亦平说,"这仅仅是一个参考标准,判断一个干部的官德,还要综合组织部门考察、民主座谈、民意调查等其他多种方法,不可能出现'单纯根据分数高低决定是否任用'的情况,但肯定能反映出问题"。二是实施过程中出现的一些难题。如因为操作烦琐、不够简洁等原因,考评体系大规模推广应用依然存在难度。宁波市江北区委组织部副部长张亦平说:"现在的干部都很忙,要让他们静下心来,认真填很多表格,还是有点难度,不排除有些评价者嫌烦就在表格上乱勾。"②有些人甚至会将同一个选项一勾到底,导致考评失去意义。并且由于参评者对考核工作的不甚了解,使得对标准参照体系的理解存在误差,影响评定结果的准确性。此外在考评过程中还要思考如何将分值拉开的问题,"大多数领导干部得分在 90 分左右,分数差距很小"③。三是考评氛围尚未形成。比如一部分人对考核本身是否有用存在疑虑。"这东西不管用吧? 现在的贪官哪个不是抓起来后才发现'官德'有大问题的,出事之前谁看得出来?"④甚至有更加直言不讳的表示"一些贪官隐藏自己的本事很高,嘴上一套背后一套,看上去'官德'都挺不错的"⑤。因考核分数仍然主要限定于内部反馈,较少对社会公布,有质疑者表示"有走过场的嫌疑,如何体现群众和社会监督? 而且也影响参评者的积极性"⑥。"感觉打分多少作用不大,要提拔谁都是领

---

① 孔令泉:《官员道德考评的宁波样本》,《民主与法制时报》,2010 年 7 月 31 日。
② 《宁波江北区积极探索领导干部道德评价体系》,浙江在线:http://zjnews. zjol. com. cn/05zjnews/system/2010/07/12/016752697. shtml。
③ 孔令泉:《官员道德考评的宁波样本》,《民主与法制时报》,2010 年 7 月 31 日。
④ 孔令泉:《官员道德考评的宁波样本》,《民主与法制时报》,2010 年 7 月 31 日。
⑤ 孔令泉:《官员道德考评的宁波样本》,《民主与法制时报》,2010 年 7 月 31 日。
⑥ 孔令泉:《官员道德考评的宁波样本》,《民主与法制时报》,2010 年 7 月 31 日。

导定的,不会听下面的。"①从受评领导干部来说,有些也反映工作之外"总感觉有眼睛在盯着""压力很大",这也从侧面反映出干部自身自觉接受监督的意识不足,从而影响考评氛围。

就整体来说,"宁波市江北区领导干部道德评价体系"作为创新性的尝试,客观深化了干部德的考核具体化工作,提高了考核工作的科学性、合理性,增强了党"以德为先"的用人导向,提供了一个反映"民意"的良好渠道。与此同时也带动了更多考评体系上的尝试。"2011 年,浙江省在总结经验的基础上,在乡镇换届过程中,首次设置 15 个反向测评指标,对干部道德开展正反双向测评。反向测评表采用了求证式补充法,列举了'存在违纪行为''吃拿卡要''拉帮结伙'等 15 项既具个性又具代表性的问题,由干部群众逐项对照填写,对情况属实的一票否决。"②这种反向否定式的考评体系不同于标准量化式的考评体系,从反向角度以群众反映强烈的重要问题为核心指标将干部道德标准和要求具体化,将违反道德的情况明确记录在案,给干部选拔任用提供更清晰的参考依据。同时,通过明确的道德标准与反向调查,可以更直接地对出现问题的干部提出警示,最有效便捷地督促他们更正行为、自我约束。

事实上,强调干部道德的考核具体化,并不是简单的对道德进行"量化"工作,而是要建构更加合理全面科学客观的考核量化指标体系,清晰地将干部的德"考准考实",又同时促使干部在这一考核过程中有更加清晰的行为参照,从而约束自己、提高德行,干部道德考核工作因此兼具可能性与可行性。然而,从现实推动发展情况考量,它也必然是一个长期的难题。无论是道德抽象性导致指标难以量化与道德虚无性导致指标难以规定等道德考核

---

① 孔令泉:《官员道德考评的宁波样本》,《民主与法制时报》,2010 年 7 月 31 日。
② 刘勇:《干部道德考核量化标准的构建与前瞻》,《中州学刊》,2012 年第 1 期。

本身的难题,还是考核过程中出现一刀切的评价结果、考核体系本身设计是否科学、合理且能否有效实施、考评主体如何实现对被评价人情况的 360 度全面了解、考核指标的参照标准是否切合实际而非"纸上谈兵"或"牵强附会"而令人望文生义、考核结果如何在选人用人机制上发挥合理价值作用等,这些复杂的难题时刻影响着全面深化改革下干部道德指标体系化建设是否能保持住进一步深化的劲头。此外,与考核具体化工作相配套的措施,如设立专门负责考核干部道德的部门以加强领导,严格执行考核工作以形成权威,尽早形成保障考前、考中、考后这一过程科学性、严肃性的有效机制等,这些工作是否得到落实也关系着干部"德"的考核具体化工作能否在实践中获得常态性的发展。

表一　宁波市江北区领导干部道德评价体系①

一级指标	二级指标	三级指标	指标类型	标准参照系	采集方式	数据来源	评价方法
政治品德 A_1	政治学习 B_{11}	理论素养 C_{111}	量化	(优)政治修养好,理论水平高,有较高水准的研究成果(有著作或有理论文章在刊物上公开发表) (良)政治修养较好,理论水平较高,有研究成果(在内部刊物上发表文章或在理论研讨会上交流) (中)政治修养和理论水平一般,能满足岗位工作的需要(问卷) (差)政治理论水平较低,无法胜任岗位工作需要(问卷)	提供相关材料	被评价者	数据考核+主观判断
		学习态度 C_{112}	量化	(优)学习态度端正,参加区里统一组织的学习不迟到,不早退,不无故缺席 (良)学习态度较端正,出勤率达90% (中)学习态度较一般,出勤率达70% (差)学习态度不端正,出勤率不满70%	培训IC卡或出勤记录	单位	数据考核
	政治学习 B_{12}	政治纪律 C_{121}	质化	(优)坚决拥护党和国家的方针、政策,执行组织的决议,严守工作机密 (良)拥护党和国家的方针、政策,服从组织的决定 (中)执行组织决定有时不够坚决,有时讲话不注意场合和分寸,偶尔"跑风漏气" (差)有时不服从组织决定,经常有不当言论,或通过言论、文书、互联网等渠道泄漏工作机密	问卷	单位	主观判断

---

① 李建华:《官员的道德》,北京大学出版社,2012年,第263页。

一级指标	二级指标	三级指标	指标类型	标准参照系	采集方式	数据来源	评价方法
	政治学习 B₁₂	政治敏锐度 C₁₂₂	质化	(优)关心政治热点,积极宣传党的主张,对涉及政治的敏感性问题能及时主动地辨别 (良)较为关心政治新闻和事务,探讨政治问题,有一定的政治敏锐度 (中)关心政治新闻和事务,但政治敏锐度不够 (差)不关心政治,对大是大非问题,立场有偏差	问卷	单位	主观判断
政治学习 B₁₃		民主作风 C₁₃₁	质化	(优)经常与下属或同事进行沟通,主动听取并采纳他人的合理意见,并开展批评与自我批评 (良)能与下属及同事进行沟通,听取他人的意见并做出回应 (中)偶尔听取他人的意见,但作决策时基本上以自我为主 (差)难以听取他人的意见或建议,作风霸道,搞"一言堂"	问卷	单位	主观判断
		群众路线 C₁₃₂	半质化	(优)经常深入基层,了解社情民意,主动建立与群众沟通的渠道,善于指导基层工作 (良)建立与群众沟通的渠道,对群众反映的问题有所思考,在力所能及的范围内加以解决 (中)基本了解社情民意,对群众反映的问题有所思考 (差)很少下基层,害怕做群众工作,工作中与基层群众有矛盾冲突时,未能深入细致地做思想工作	问卷	单位	行为锚定

续表

一级指标	二级指标	三级指标	指标类型	标准参照系	采集方式	数据来源	评价方法
职业道德 A_2	责任心 B_{22}	责任心 C_{211}	质化	(优)职位角色意识强,办事认真负责,任劳任怨,效率高 (良)职位角色意识较强,自觉履行职责,服从安排,态度和表现良好,效率较高 (中)职位角色意识一般,按部就班,在督促下方能完成交付的工作,效率一般 (差)职位角色意识淡薄,办事拖沓,敷衍了事,工作经常出差错	问卷	单位	主观判断
	事业心 B_{22}	事业心 C_{221}	质化	(优)锐意进取,积极创新,不断提升职业能力与业务技能 (良)工作踏实,有上进心,较为注重工作能力的提升 (中)能做好本职工作,但安于现状,进取心尚显不足 (差)激情消退,疏于学习,创造力缺乏,难以胜任本职工作	问卷	单位	主观判断
	廉洁度 B_{23}	公正度 C_{231}	半质化	(优)秉公办事,原则性强,公正裁决,任人唯贤 (良)基本能照章办事,遵守公务程序,不越级越权 (中)办事公正表现一般,偶尔违反一般办事程序 (差)私心较重,任人唯亲,违反办事原则与程序,造成一定的负面影响	问卷	单位	行为锚定
		清正廉洁 C_{232}	半质化	(优)廉洁奉公,严守党纪,坚决抵制贪污受贿行为,认真履行领导干部党风廉政建设责任制 (良)自我要求较严格,自觉遵守领导干部党风廉政建设的有关规定 (中)对廉政建设的重视程度一般,不犯大错,偶尔不拘小节 (差)有"吃拿卡要"、骄奢淫逸、追名逐利或贪污受贿之嫌疑	问卷	单位	行为锚定

续表

一级指标	二级指标	三级指标	指标类型	标准参照系	采集方式	数据来源	评价方法
	诚信度 B_{24}	诚信度 C_{241}	半质化	(优)诚信度较高,实事求是,忠诚老实,言行一致 (良)诚信度良好,不隐瞒,不夸大,不推诿拖沓 (中)诚信度一般,不犯大错,偶尔言行不一 (差)诚信度较差,做事推诿,表里不一,热衷形式主义	问卷	单位	行为锚定
	协作性 B_{25}	大局意识 C_{251}	质化	(优)工作能从全局和长远利益出发,以大局为重,必要时牺牲本单位或个人的利益 (良)兼顾各方面的利益关系,不固执,能服从上级指示 (中)大局意识一般,无损害大局的行为 (差)凡事以小团体或个人利益为出发点,不顾大局,有短期行为	问卷	单位	主观判断
		团结协作 C_{252}	质化	(优)团队意识强,有包容心,密切协作,主动配合,能互通工作信息 (良)有团队意识,在上级的安排下,能与相关部门或同事协同做好工作 (中)能与同事和睦相处,不拆台,不搬弄是非 (差)有拆台、搬弄是非、搞小团体或打击报复的嫌疑	问卷	单位	主观判断

续表

一级指标	二级指标	三级指标	指标类型	标准参照系	采集方式	数据来源	评价方法
社会公德 A₃	个人品行 B₃₁	个人品行 C₃₁₁	半质化	(优)为人正直、作风正派,富有亲和力,仪表端庄,举止得体 (良)品行良好,讲究文明礼貌,比较注重自身形象 (中)品行一般,偶尔不拘小节 (差)态度生硬,摆官架子,心胸狭窄,虚伪奉承,赌博,参与封建迷信活动	问卷	单位+社区	行为锚定
	奉献精神 B₃₂	扶贫帮困 C₃₂₁	量化	(优)扶贫捐款(物)+结对帮困+无偿献血或其他献爱心的行为 (良)扶贫捐款(物)+结对帮困 (差)无上述各项	提供相关材料	单位+被评价者	数据考核
		公益活动 C₃₂₂	质化	(优)主动参加各项社会公益活动,不怕辛苦、不计报酬 (良)能够完成规定的公益活动,且态度较认真 (中)虽能完成规定的公益活动,但有抵触情绪 (差)推托或拒绝参加公益活动	问卷	社区	主观判断

一级指标	二级指标	三级指标	指标类型	标准参照系	采集方式	数据来源	评价方法
社会公德 A_3	维护公共秩序 B_{33}	维护公共秩序 C_{331}	半质化	(优)爱护公共设施和国家财产,遵守主动维护公共秩序,见义勇为 (良)爱护公物,讲究公共卫生,遵守公共秩序 (中)无损坏公物、违反公共秩序的行为 (差)有破坏公共秩序和公共规则的嫌疑	问卷	单位+社区	行为锚定
	环保意识 B_{34}	环保意识 C_{341}	质化	(优)环保意识强,积极提出合理化的环保建议,或带领群众参加各项环保活动 (良)环保意识较强,平时注意节约能源,保护环境 (中)环保意识一般,无损害环境行为 (差)环保意识淡薄,时有损害环境的行为	问卷	单位+社区	主观判断

结　语

　　全面深化改革所面临的历史节点与要解决的发展难题,与四十多年前的改革开放相比情形更复杂、形势更严峻。改革所要激发的动力是让一切劳动、知识、技术、管理、资本的活力竞相迸发,同时让所有创造社会财富的源泉能充分涌流、发展成果更多更公平地惠及全体人民。克服困难、实现宏伟目标的时代使命,呼唤德能兼具的干部队伍,提供最强大的政治保障。同时,我国坚持"依法治国"与"以德治国"相结合的治国方略,且党内坚持"以德治党"与"依规治党"相结合,干部的道德修养水平在治国治党战略中的位置可见一斑。由此可见,依据新的历史条件,系统研究我国干部道德建设,毫无疑问具有极为重大的理论与实践意义。

　　然而,近年来,随着法治的风行,德治在学术研究中处于"软弱无力"的位置,人们甚至开始淡忘,或者把德治错误地理解成为一定程度上的"人治"。干部道德建设研究遭受到了冷遇。在研究干部道德建设之际,笔者也被屡屡提醒,"不能就道德谈道德"。然而,在认真对干部道德建设问题进行梳理时,有一个问题总是浮现:就道德谈道德是否真的已经谈好了? 或者说,当我们被道德的抽象、实现过程缓慢、容易变得虚幻等难题纠缠时,是否基于真正理解了"道德的本质""道德的发展规律""道德的归宿"等一些最基本的问题之上去进行的探究与思考。在马克思主义道德观里,我们可以看到,道德属于历史范畴,是阶级的、历史的、具体的道德,由每一个时期的经济关系决定,是被社会存在决定着的社会意识的一部分。因此,它又是发展的、变化的,随着人们的生活条件、社会关系等发生相应改变。每个时代、每个阶层都有属于他们自己的道德,也会建设他们的道德。不仅如此,道德的发展还受制于经济关系的变化,它也是人们现实利益关系的集中反映,总是围绕着利益而发生,就像"人们自觉地或不自觉地,归根到底总是从他们阶级地位所依据的实际关系中——从他们进行生产和交换的经济关系中,吸取自己的道德观念"①。因此我们也不能离开利益去谈道德的产生与发展。而道德的最终归宿是什么呢?是人自由全面的发展。道德最终是以发展人的生命本质为目的的。而同时,人的自由全面发展的重要维度之一,也是发展独立、自由、自主的符合人类自身的道德。这些都是马克思主义道德观里的东西,只有充分理解并坚持马克思主义道德观,我们才能更透彻地看待现实中的道德现象、解决道德领域的问题。

反观现实,我们开始指责道德、对道德失望,很大程度上跟干部道德建设领域出现的一些违背马克思道德观念的做法有关。如人为拔高道德要求、提过时的道德主张、用单纯的善去理解道德建设、急于求成的建设心态、乱扣道德人伦的帽子,等等。如此脚步,我们应立即停止。这是新时代干部道德建设必须完成的第一个任务。第二个任务是真正理解官德乃社会和谐之本,从而确立姿态迎来清晰、正确、科学的干部道德建设。在曾热播的大型专题片《永远在路上》中,我们听到更多忏悔的声音也是"没有了理想、信念",这些贪官污吏在虚幻、空洞的价值观里做出了自己也未曾想到的"恶

---

① 《马克思恩格斯全集》(第20卷),人民出版社,1971年,第102页。

举",从"人民英雄梦"走向"人民贪官梦"。正所谓胆大铸就妄为。这样类似的恶劣行径,绝不仅仅只是法治意识的淡薄,更为根本的是其内心缺乏对法律敬畏,即对待法律应有的正确道德认识。我们的圣人孔子,他最担心的就是"德不修以敬",认为只有修好了道德,才能严肃认真地对待其他一切事情。由此可见,对干部们良心上的拷问、德性上的评判是帮助他们主动求善的根本路径,官德必然成为每一个干部的根本发展手段。毕竟,我们最终也无法喜欢一群没有道德的干部、一群没有道德的人民和一个没有道德的社会。

干部道德从整体说是一个"个体德性、政治目的、社会制度的综合体"①,不仅要强调干部个体的道德修养,更要作出制度上的安排。个体是生活在社会中的个体,制度力量是具有社会性的,它才能提供个体向善的整体力量。随着全面依法治国以及国家治理体系的建设,新时期的干部道德建设,也要更多思考制度上的安排,本书梳理的干部道德建设历史进程,其经验成果也表明了制度建设对干部道德的重要作用。在我国全面建设社会主义现代化国家的今天,要"深刻把握我国发展要求和时代潮流,把制度建设和治理能力建设摆到更加突出的位置,继续深化各领域各方面体制机制改革,推动各方面制度更加成熟更加定型"②。干部道德的制度建设越来越重要,有待更多研究。

---

① 李建华:《官员的道德》,北京大学出版社,2012 年,第 275 页。
② 《习近平谈治国理政》(第三卷),外文出版社,2020 年,第 112 页。

参考文献

一、文献及研究著作

[1]《马克思恩格斯全集》（第 1 卷），人民出版社，1972 年。

[2]《马克思恩格斯全集》（第 4 卷），人民出版社，1958 年。

[3]《马克思恩格斯全集》（第 20 卷），人民出版社，1971 年。

[4]《马克思恩格斯文集》（第一卷），人民出版社，1990 年。

[5]《马克思恩格斯选集》（第二、三卷），人民出版社，1995 年。

[6]《毛泽东选集》（第一～四卷），人民出版社，1991 年。

[7]《毛泽东文集》（第二卷），人民出版社，1993 年。

[8]《毛泽东文集》（第六、七、八卷），人民出版社，1999 年。

[9]《毛泽东著作选读》（下），人民出版社，1986 年。

[10]《毛泽东著作专题摘编》（上）（下），中央文献出版社，2003 年。

[11]《邓小平文选》（第一、二卷），人民出版社，1994 年。

[12]《邓小平文选》（第三卷），人民出版社，1993 年。

[13]《邓小平年谱(1975—1997)》（上），中央文献出版社，2004 年。

[14]《江泽民文选》(第一、三卷),人民出版社,2006年。

[15]江泽民:《论"三个代表"》,中央文献出版社,2001年。

[16]胡锦涛:《在全党深入学习实践科学发展观活动总结大会上的讲话》,人民出版社,2010年。

[17]习近平:《习近平关于党风廉政建设和反腐败斗争论述摘编》,中央文献出版社、中国方正出版社,2015年。

[18]习近平:《之江新语》,浙江人民出版社,2007年。

[19]习近平:《做焦裕禄式的县委书记》,中央文献出版社,2015年。

[20]《习近平谈治国理政》(第三卷),外文出版社,2020年。

[21]《习近平谈治国理政》(第四卷),外文出版社,2022年。

[22]《十四大以来重要文献选编》(上、中),人民出版社,1997年。

[23]《十五大以来重要文献选编》(上、中),人民出版社,2000年。

[24]《十六大以来重要文献选编》(上、中、下),中央文献出版社,2008年。

[25]《十八大以来重要文献选编》(上、下),中央文献出版社,2014年。

[26]中共中央党史研究室:《中国共产党历史第一卷(1921—1949)》(上册),中共党史出版社,2011年。

[27]《中共中央关于全面深化改革若干重大问题的决定》(辅导读本),人民出版社,2013年。

[28]《中共中央关于全面深化改革若干重大问题的决定》,人民出版社,2013年。

[29]中共中央纪律检查委员会、中共中央文献研究室编:《习近平关于党风廉政建设和反腐败斗争论述摘编》,中国方正出版社,2015年。

[30]《中共中央文件选集》(第7册),中共中央党校出版社,1991年。

[31]中共中央文献研究室编:《论群众路线:重要论述摘编》,党建读物出版社、中央文献出版社,2013年。

[32]中共中央文献研究室编:《习近平关于全面深化改革论述摘编》,中央文献出版社,2014年。

[33]中共中央文献研究室编:《习近平关于全面依法治国论述摘编》,中央文献出版社,2015年。

[34]中共中央宣传部编:《讲学习讲政治讲正气》,学习出版社,1996年。

[35]中共中央宣传部编:《习近平总书记系列讲话》,学习出版社、人民出版社,2016年。

[36]中共中央宣传部编:《习近平总书记系列重要讲话读本》,学习出版社、人民出版社,2014年。

[37]中共中央政策研究室、中共中央文献研究室编:《江泽民论加强和改进执政党建设》(专题摘编),中央文献出版社、研究出版社,2004年。

[38]中共中央组织部编:《优秀领导干部先进事迹选编》,党建读物出版社,2015年。

[39]《中国共产党第十七次全国代表大会文件汇编》,人民出版社,2007年。

[40]《中国共产党廉政反腐史记》,中国方正出版社,1997年。

[41]《中国共产党章程汇编:从一大到十七大》,中共党史出版社,2007年。

[42]中央纪委纪检监察研究所编:《中国共产党反腐倡廉文献选编》,中央文献出版社,2002年。

[43]American Society for Public Administration. "*Code of Ethics and Implementation Guidelines.*" Washington, D. C.: American Society for Public Administration, 1985.

[44]American Society for Public Administration. "*Code of Ethics.*" Washington, D. C.: American Society for Public Administration, 1994.

[45][法]阿尔蒂尔·阿尔努:《巴黎公社人民和议会史》,中国社会科学院世界历史研究所编译室译,中国社会科学出版社,1981年。

[46][英]伯特兰·罗素:《权力论》,吴友三译,商务印书馆,1991年。

[47][英]伯特兰·罗素:《权力论:新社会分析》,吴友三译,商务印书馆,1998年。

[48][美]博登海默:《法理学:法哲学及其方法》,邓正来译,华夏出版社,1987年。

[49]陈独秀:《独秀文存》,《新青年》,安徽人民出版社,1987年。

[50]《陈云文选》(第三卷),人民出版社,1995年。

[51]Catron, B., and Denhardt, K. G. "Ethics Education in Public Administration." In T. L. Cooper(ed.), *Handbook of Administrative Ethics*. New York: Marcel Dekker, 1994.

[52]《党的十八届四中全会(决定)学习辅导百问》,党建读物出版社、学习出版社,2014年。

[53][美]蒂芬·P. 罗宾斯:《组织行为学》,中国人民大学出版社,1997年。

[54]段治文等:《近现代思想与社会变迁》,浙江大学出版社,2016年。

[55]段治文:《中国共产党领导的第四次历史性转变》,浙江大学出版社2014年。

[56]冯秋婷主编:《领导班子和领导干部考核评价机制研究》,党建读物出版社,2011年。

[57][美]弗兰克·梯利:《伦理学概论》,何意译,广西师范大学出版社,2002年。

[58]傅如良:《公仆的嬗变》,社会科学文献出版社,2012年。

[59]高波:《十八大以来正风反腐新观察》,中国方正出版社,2015年。

[60]高新民、张希贤:《中国共产党建设史》,中共中央党校出版社, 2009 年。

[61]龚群:《以德治国论》,辽宁人民出版社,2004 年。

[62][古罗马]西塞罗:《论老年 论友谊 论责任》,徐奕春译,商务印书馆,1998 年。

[63]郭广银、杨明:《当代中国道德建设》,江苏人民出版社,2000 年。

[64]郭夏娟:《公共行政伦理学》,浙江大学出版社,2004 年。

[65]韩丹:《道德辩护与道德困境:腐败问题的伦理学探究》,中央编译出版社,2012 年。

[66][德]黑格尔:《精神现象学》(下卷),贺麟、王玖兴译,商务印书馆,1979 年。

[67][德]黑格尔:《法哲学原理》,范扬、张企泰译,商务印书馆,1961 年。

[68][德]黑格尔:《法哲学原理》,范扬、张启泰译,商务印书馆,1979 年。

[69]洪银兴主编:《"四个全面"战略布局研究丛书:全面深化改革》,江苏人民出版社,2015 年。

[70]季卫东:《法治秩序的建构》,中国政法大学出版社,1999 年。

[71]季正矩:《通往廉洁之路》,北京编译出版社,2005 年。

[72]《建党以来重要文献选编(一九二一——一九四九)》(第一、十四、十六、二十二、二十六册),中共中央文献出版社,2011 年。

[73]《建国以来毛泽东文稿》(第 6、12 册),中央文献出版社,1992 年。

[74]《建国以来重要文献选编》(第 9 册),中共中央文献出版社,2011年。

[75]靳凤林:《制度伦理与官员道德——当代中国制度政治伦理结构性转型研究》,人民出版社,2011 年。

[76][英]卡尔·波普尔:《猜想与反驳》,傅季重等译,上海译文出版社,1986年。

[77]李成武主编:《官德:领导干部的道德领导力》,人民出版社,2012年。

[78]李建华:《道德情感论:当代中国道德建设的一种视角》,北京大学出版社,2011年。

[79]李建华:《官员的道德》,北京大学出版社,2012年。

[80]李建华:《中国官德》,四川人民出版社,2001年。

[81]李建华、周小毛:《腐败论:权力之癌的"病理"解剖》,中南工业大学出版社,1997年。

[82]李文珊:《当代中国廉政建设中的道德调控研究》,中央文献出版社,2007年。

[83]李维编著:《习近平重要论述学习笔记》,人民出版社,2014年。

[84]梁衡:《官德》,北京联合出版公司,2012年。

[85]《梁漱溟全集》,山东人民出版社,1990年。

[86]林聚任、刘玉安:《社会科学研究方法》,山东人民出版社,2004年。

[87]刘明波主编:《廉政思想与理论:中外名家论廉政与反腐败》,人民出版社,1994年。

[88]《论党的建设》,中央文献出版社,2001年。

[89]罗国杰:《伦理学》,人民出版社,1989年。

[90]罗国杰主编:《道德建设论》,湖南人民出版社,1997年。

[91]罗新璋编译:《巴黎公社公告集》,上海人民出版社,1978年。

[92]马国泉:《美国公务员制和道德规范》,清华大学出版社,1999年。

[93][法]孟德斯鸠:《论法的精神》(上),张雁深译,商务印书馆,1961年。

[94]Oberdiek John, Patterson Dennis. *Moral Evaluation and Conceptual Analysis in Jurisprudential Methodology*. Current Legal Issues：Law and Philosophy, 2007.

[95]潘小娟:《高级公务员的摇篮》,中国发展出版社,1994年。

[96]庞树奇、范明林:《普通社会学理论新编》,上海大学出版社,1998年。

[97]彭定光:《政治伦理的现代建构》,山东人民出版社,2007年。

[98]钱广荣:《中国道德建设通论》,安徽大学出版社,2004年。

[99]权延赤:《红墙内外——毛泽东生活实录》,昆仑出版社,1989年。

[100]人民日报社评论部编著:《"四个全面"学习读本》,人民出版社,2015年。

[101]任仲文编:《加强党的作风建设全面推进从严治党:党员干部读本》,人民日报出版社,2014年。

[102][美]萨拜因:《政治学说史》(下),刘山等译,商务印书馆,1986年。

[103][美]塞缪尔·亨廷顿:《变化社会中的政治秩序》,王冠华等译,生活·读书·新知三联书店,1989年。

[104]宋超英、曹孟勤:《社会学原理》,警官教育出版社,1991年。

[105]苏力:《道路通向城市:转型中国的法治》,法律出版社,2004年。

[106]《苏联共产党代表大会、代表会议和中央全会决议汇编:第2分册》,人民出版社,1964年。

[107]Terry L. Cooper. *The Responsible Administrator：An Approach to Ethics for the Administrative Role*, Jossey – bass inc., 1998.

[108]唐凯麟等:《个体道德论》,中国青年出版社,1993年。

[109][美]特里·L.库珀:《行政伦理学:实现行政责任的途径》,张秀

琴译,中国人民大学出版社,2001年。

[110][法]涂尔干:《职业伦理与公民道德》,渠敬东译,上海人民出版社,2001年。

[111]王伟:《行政伦理概述》,人民出版社,2001年。

[112]王一多:《人性与道德的思考》,重庆出版社,2000年。

[113]王永凤:《党的思想作风建设研究》,北京师范大学出版社,2014年。

[114]魏雷东:《和谐社会视阈下的公民道德建设研究》,中国社会科学出版社,2011年。

[115][英]亚当·斯密:《道德情操论》,蒋自强、钦北愚、朱钟棣等译,商务印书馆,1998年。

[116][日]岩崎允主编:《人的尊严、价值及自我实现》,刘奔译,当代中国出版社,1993年。

[117]杨成炬:《公务员制度的中国语境研究》,安徽大学出版社,2014年。

[118]姚轩鸽:《拒绝堕落——中国道德问题现场批判》,陕西人民出版社,2006年。

[119][德]伊曼努尔·康德:《道德形而上学原理》,苗力田译,上海人民出版社,2002年。

[120]尹杰钦:《领导干部道德素质论:中国共产党执政能力建设的一种视角》,湖南人民出版社,2008年。

[121]《曾国藩全集·家书》(一、二),岳麓出版社,1985年。

[122]曾钊新:《道德心理论》,中南工业大学出版社,1987年。

[123]曾钊新、李建华等:《道德心理学》,中南大学出版社,2002年。

[124]张萃萍:《困境与重建:当代中国公务员行政道德建设研究》,中国法制出版社,2008年。

[125]张康之:《寻找公共行政的伦理视角》,中国人民大学出版社,

2002 年。

[126]张梦义、喻承久:《官德论》,武汉理工大学出版社,2006 年。

[127]张蔚萍:《面向新世纪的思想政治工作》,中共党史出版社,2003 年。

[128]赵长芬:《官德论》,新华出版社,2013 年。

[129]郑杭生:《社会学概念新编》,中国人民大学出版社,2003 年。

二、报刊文章

[1]江泽民:《高举邓小平理论伟大旗帜把建设有中国特色社会主义事业全面推向二十一世纪:在中国共产党第十五次全国代表大会上的报告》,《人民日报》,1997 年 9 月 22 日。

[2]江泽民:《加快改革开放和现代化建设步伐夺取有中国特色社会主义事业的更大胜利:在中国共产党第十四次全国代表大会上的报告》,《人民日报》,1992 年 10 月 21 日。

[3]江泽民:《江泽民同志在全国党校工作会议上的讲话(2000 年 6 月 9 日)》,《人民日报海外版》,2000 年 7 月 17 日。

[4]胡锦涛:《领导干部要带头增强党性》,《求是》,1995 年第 18 期。

[5]胡锦涛:《坚持发扬艰苦奋斗的优良作风努力实现全面建设小康社会的宏伟目标》,《人民日报》,2003 年 1 月 3 日。

[6]胡锦涛:《在庆祝中国共产党成立 90 周年大会上的讲话(2011 年 7 月 1 日)》,《人民日报》,2011 年 7 月 2 日。

[7]习近平:《坚定不移走中国特色社会主义法治道路》,《理论学习》,2015 年第 2 期。

[8]习近平:《全面贯彻落实党的十八大精神要突出抓好六个方面工作》,《求是》,2013 年第 1 期。

[9]习近平:《用权讲官德 交往有原则》,《求是》,2004 年第 19 期。

[10]《习近平论如何做合格的共产党员——十八大以来重要论述摘编》,《党建》,2014 年第 7 期。

[11]习近平:《紧紧围绕坚持和发展中国特色社会主义学习宣传贯彻党的十八大精神》,《人民日报》,2012 年 11 月 19 日。

[12]习近平:《青年要自觉践行社会主义核心价值观——在北京大学师生座谈会上的讲话》(2014 年 5 月 4 日),《人民日报》,2014 年 5 月 5 日。

[13]习近平:《在第十八届中央纪律检查委员会第六次全体会议上的讲话》,《人民日报》,2016 年 5 月 3 日。

[14]习近平:《在党的群众路线教育实践活动总结大会上的讲话》,《人民日报》,2014 年 10 月 9 日。

[15]《习近平同志在全国组织部长会议上的讲话》(2011 年 12 月 18 日),中组部党建研究网,2012 年 2 月 15 日。

[16]《习近平在全军政治工作会议上的讲话》(2014 年 10 月 31 日),《解放军报》,2014 年 11 月 24 日。

[17]《中共中央关于加强党的执政能力建设的决定》,《人民日报》,2004 年 9 月 27 日。

[18]《中共中央关于加强和改进新形势下党的建设若干重大问题的决定》,《人民日报》,2009 年 9 月 28 日。

[19]Baucus, M. S., and Beck – Dudley, C. L. "Designing Ethical organizations: Av2iding the Long – Term Negative Effects of Rewards and Punishments." *Journal of Business Ethics*, 2005, 56.

[20]蔡春:《德性培养与制度教化》,《华东师范大学学报》(教育科学版),2002 年第 4 期。

[21]陈振明:《政治与经济的整合研究:公共选择理论方法的意义与局

限》,《中国社会科学文摘》,2003 年第 4 期。

[22]董建新:《政府是否是"经济人"?》,《中国行政管理》,2004 年第 3 期。

[23]段治文:《试论党的十八大对中国特色社会主义民主政治的新发展》,《理论探讨》,2013 年第 2 期。

[24]段治文、文雯:《干部德的考核具体化问题研究》,《中州学刊》,2015 年第 9 期。

[25]段治文:《中国式民主道路的逻辑形成》,《浙江大学学报(人文社会科学版)》,2015 年第 6 期。

[26]蒋旭灿:《宁波市江北区领导干部道德评价体系研究》,同济大学硕士学位论文,2006 年。

[27]孔令泉:《官员道德考评的宁波样本》,《民主与法制时报》,2010 年 7 月 31 日。

[28]李建华:《官德评价体系构建刍议》,《学习论坛》,2011 年第 3 期。

[29]李建华:《以德治党与政党伦理建设》,《湖南社会科学》,2003 第 5 期。

[30]刘瑞、吴振兴:《政府人是公共人而非经济人》,《中国人民大学学报》,2001 年第 2 期。

[31]刘西忠:《建立"官德"考评体系的方法路径》,《领导科学》,2010 年第 31 期。

[32]刘煜、孙迪亮:《和谐社会视阈下的官德建设》,《道德与文明》,2008 年每 2 期。

[33]倪秋菊、倪星:《政府官员的"经济人"角色及其行为模式分析》,《武汉大学学报》(哲学社会科学版),2004 年第 2 期。

[34]《强化反腐败体制机制创新和制度保障,深入推进党风廉政建设和

4 期。

[49]张康之:《公共行政:"经济人"假设的适应性问题》,《中山大学学报》(社会科学版),2004 年第 2 期。

反腐败斗争》,《人民日报》,2014年1月15日。

[35]强世功:《迈向立法者的法理学》,《中国社会科学》,2005年第1期。

[36]饶涛:《论官德在政治治理中的价值问题》,《桂海论丛》,2003年第19卷第4期。

[37]《深化改革发挥优势创新思路 统筹兼顾确保经济持续健康发展社会和谐稳定》,《人民日报》,2014年5月11日。

[38]《深化改革巩固成果积极拓展,不断把反腐败斗争引向深入》,《人民日报》,2015年1月14日。

[39]王保彦:《新时期官德塑造思考》,《社科纵横》,2010年第6期。

[40]王海明:《人性是什么》,《上海师范大学学报》(哲学社会科学版),2003年第32卷第5期。

[41]王庆生:《腐败成本收益公式对反腐的启示》,《人民论坛》(中旬刊),2010年第3期。

[42]王秀春:《道德建设"官德"先行》,《天津市工会管理干部学院学报》,2002年第4期。

[43]谢凌玲、郑彦良、闫洪芹:《我国公务员道德建设现状调节》,《中国行政管理》,2008年第1期。

[44]邢瑞煜:《官德建设的意义和途径》,《理论学刊》,2003年第2期。

[45]《以改革创新精神加强党的建设和组织工作,为保持经济平稳较快发展提供坚强保证》,《人民日报》,2008年12月28日。

[46]尹杰钦、谭献民:《中国共产党执政道德建设研究论纲》,《研究生论坛》,2005年第5期。

[47]于学强:《刍议官德的认识困境》,《探索》,2012年第1期。

[48]袁志萍:《当代中国官德的基本内涵》,《攀登》(双月刊),2003年